33曲×2パターンの
伴奏から選べる！

発表会 & 卒園式のうた

土屋真仁 監修

ナツメ社

もくじ

- 曲名さくいん・歌い出しさくいん …… 4
- 本書の見方 …… 5
- 本書の特色 …… 6
- 子どもと楽しく歌おう！ …… 7
- 基本の調と音階 …… 8
- 反復記号の読み方 …… 9
- 歌詞リスト …… 202

発表会

人気・定番曲

曲名	やさしい伴奏	はなやか伴奏
あおいそらにえをかこう	10	12
あしたははれる	14	17
世界がひとつになるまで	20	24
おひさまになりたい	28	31
ともだちがいっぱい	34	37
にじのむこうに	40	43
世界中のこどもたちが	46	48
ぼよよん行進曲	50	55

卒園式

人気・定番曲

曲名	やさしい伴奏	はなやか伴奏
たいせつなたからもの	60	62
ありがとうこころをこめて	64	67
ありがとうの花	70	72
さよならぼくたちのほいくえん（ようちえん・こどもえん）	74	77
はじめてのさよなら	80	83
ありがとう・さようなら	86	88
またあえる日まで	90	93

2

曲名	やさしい伴奏	はなやか伴奏
こころのバトン	96	99
またね	102	105
ぼくのたからもの	108	113
はじめの一歩	118	121
君も心の翼ひろげて	124	126
おめでとうありがとう	128	131
思い出のアルバム	134	136

大好き！友達

曲名	やさしい伴奏	はなやか伴奏
おおきくなるってうれしいね	138	141
きみとぼくのラララ	144	147
ま・た・ね〜See You Again〜	150	153
ともだちになるために	156	159
ラララだいすき	162	166

待ち遠しいな 小学校

曲名	やさしい伴奏	はなやか伴奏
一年生マーチ	170	172
ドキドキドン！1年生	174	176
もうすぐりっぱな1年生	178	180

在園児から心をこめて

曲名	やさしい伴奏	はなやか伴奏
みんなともだち	182	186
またあおう	190	193
花のトンネル	196	199

曲名さくいん

あ行
- 発表会 あおいそらにえをかこう …… 10
- 発表会 あしたははれる …… 14
- 卒園式 ありがとうこころをこめて …… 64
- 卒園式 ありがとう・さようなら …… 86
- 卒園式 ありがとうの花 …… 70
- 卒園式 一年生マーチ …… 170
- 卒園式 おおきくなるってうれしいね …… 138
- 発表会 おひさまになりたい …… 28
- 卒園式 おめでとうありがとう …… 128
- 卒園式 思い出のアルバム …… 134

か行
- 卒園式 きみとぼくのラララ …… 144
- 卒園式 君も心の翼ひろげて …… 124
- 卒園式 こころのバトン …… 96

さ行
- 卒園式 さよならぼくたちのほいくえん（ようちえん・こどもえん） …… 74
- 発表会 世界がひとつになるまで …… 20
- 発表会 世界中のこどもたちが …… 46

た行
- 卒園式 たいせつなたからもの …… 60
- 卒園式 ドキドキドン！1年生 …… 174
- 卒園式 ともだちがいっぱい …… 34
- 卒園式 ともだちになるために …… 156

な行
- 発表会 にじのむこうに …… 40

は行
- 卒園式 はじめてのさよなら …… 80
- 卒園式 はじめの一歩 …… 118
- 卒園式 花のトンネル …… 196
- 卒園式 ぼくのたからもの …… 108
- 発表会 ぽよよん行進曲 …… 50

ま行
- 卒園式 またあえる日まで …… 90
- 卒園式 またあおう …… 190
- 卒園式 またね …… 102
- 卒園式 ま・た・ね〜See You Again〜 …… 150
- 卒園式 みんなともだち …… 182
- 卒園式 もうすぐりっぱな1年生 …… 178

ら行
- 卒園式 ラララだいすき …… 162

歌い出しさくいん

あ
- 卒園式 あおいそら しろいくも（またあえる日まで）…… 90
- 発表会 あおいそらにえをかこう（あおいそらにえをかこう）…… 10
- 発表会 あめがあがったよ おひさまがでてきたよ（にじのむこうに）…… 40
- 卒園式 ありがとうさようなら ともだち（ありがとう・さようなら）…… 86
- 卒園式 ありがとうっていったら みんながわらってる（ありがとうの花）…… 70

い
- 卒園式 いっしょにあそんだ たくさんのひを（またあおう）…… 190
- 卒園式 いつのことだか おもいだしてごらん（思い出のアルバム）…… 134
- 卒園式 いつのまにか ぼくたちは（ありがとうこころをこめて）…… 64

お
- 卒園式 おわかれするのは さみしいけれど（またね）…… 102

か
- 発表会 かなしくて なきたくなったとき（あしたははれる）…… 14

こ
- 卒園式 ここでいっしょに あそんだともだちを（たいせつなたからもの）…… 60
- 卒園式 こころにかたちがあったなら（こころのバトン）…… 96
- 卒園式 このひろいせかいで ぼくたちはであった（ぼくのたからもの）…… 108

さ
- 卒園式 サクラさいたら いちねんせい（ドキドキドン！1年生）…… 174
- 卒園式 さよならなんて いわなくても（きみとぼくのラララ）…… 144

せ
- 発表会 せかいじゅうのこどもたちが（世界中のこどもたちが）…… 46

た
- 卒園式 たくさんのまいにちを ここですごしてきたね（さよならぼくたちのほいくえん（ようちえん・こどもえん））…… 74
- 発表会 だれかを すきになると（おひさまになりたい）…… 28
- 卒園式 たんぽぽつんだ つつみのどて（君も心の翼ひろげて）…… 124

ち
- 卒園式 ちいさなとりが うたっているよ（はじめの一歩）…… 118

て
- 発表会 てをふって おはよう（ともだちがいっぱい）…… 34

と
- 卒園式 とどくといいな みんなのこころに（ラララだいすき）…… 162
- 卒園式 ともだちといっしょ なかよくあそんだね（おおきくなるってうれしいね）…… 138
- 卒園式 ともだちになるために ひとはであうんだよ（ともだちになるために）…… 156
- 卒園式 どれくらい たくさんの ひとたちが（おめでとうありがとう）…… 128
- 発表会 どんなたいへんな ことがおきたって（ぽよよん行進曲）…… 50

は
- 卒園式 はじめてのおえかき はじめてのおにごっこ（はじめてのさよなら）…… 80
- 卒園式 はずむ こころゆうひをあびて（ま・た・ね〜See You Again〜）…… 150

ま
- 発表会 まぶしいひざしが きみのなまえをよぶ（世界がひとつになるまで）…… 20

み
- 卒園式 みんなともだち ずっとずっと ともだち（みんなともだち）…… 182

も
- 卒園式 もうさんがつ おわかれがやってきた（花のトンネル）…… 196

ら
- 卒園式 ランララララン あたらしいみちを（一年生マーチ）…… 170

わ
- 卒園式 わがままで いたずらで（もうすぐりっぱな1年生）…… 178

本書の見方

曲のジャンル
発表会・卒園式の「人気・定番曲」に加え、卒園式は友達との思い出を歌った曲、小学校入学のうれしい気持ちを歌った曲、在園児におすすめの曲を集めました。

歌うときのポイント
歌にこめられた気持ちや歌い方などを紹介。子どもたちに伝えるときの参考になります。

盛り上がる演出アイデア
歌詞に合わせた振り付けや歌い方、背景の演出など、子どもたちの歌をさらに盛り上げるアイデアを紹介しています。

アレンジ

1曲につき、2種類のアレンジを掲載。
「やさしい伴奏」→「はなやか伴奏」の順に紹介しています。

QRコード
スマホやタブレットで読みこむと、はなやか伴奏のピアノにのせた歌入り音源を聴くことができます。選曲するときや子どもたちの練習時に役立ちます。

※QRコードは株式会社デンソーウェーブの登録商標です。

本書の特色

発表会や卒園式といった大きな行事は、準備や練習が大変です。
本書を、子どもたちや列席した人みんなの心に残る歌のお披露目に役立ててください。

1 大舞台に映える33曲を わかりやすい楽譜で紹介

「子どもたちが歌いやすく、大舞台にふさわしい曲」を探したい保育者や「上の子の卒園式で聞いたあの曲がよかった」という保護者の声を集めたスペシャル感満載の全33曲。楽譜は、ひと目で演奏のポイントや指番号がわかるようになっているので、伴奏者の心強い味方に！

2 難易度の異なる やさしい・はなやか伴奏

1曲につき、初心者にも弾きやすい「やさしい伴奏」と、聴きごたえのある「はなやか伴奏」の2種類のアレンジを掲載。シーンに合わせるなど、伴奏者に合ったアレンジを選んでください。主役である子どもたちの歌声を温かい伴奏で支えましょう。

3 子どもたちに伝えやすい 歌うときのポイント付き

歌の特徴はもちろん、どのような気持ちで歌えばよいかなど、初めてこの曲を歌う子どもたちに伝えたいアドバイスを掲載。しっかりと歌の意味などを伝えることももちろん大切ですが、まず最初はみんなで楽しく歌えるような雰囲気作りを心がけましょう。

4 卒園児を温かく見送る 在園児向けの曲も掲載

「卒園式のうた」の選曲には、卒園児を見送る在園児におすすめの曲も掲載しています。卒園式はもちろん、在園児たちが参加するお別れ会にもピッタリ。ステキな歌のプレゼントで、大好きなお兄さん、お姉さんたちを温かく見送りましょう。

5 歌をさらに盛り上げる 演出アイデアを紹介

歌いながら歌詞にあった振り付けを加えたり、思い出を振り返る映像を流したり…。大舞台で披露される歌声が、より一層盛り上がる演出アイデアを紹介します。本番に向けた子どもたちとの話し合いなど、準備する時間もステキな思い出になるでしょう。

6 選曲しやすい 歌入り音源を全曲収録

はなやかアレンジの伴奏にのせたボーカル入りの音源を全曲収録！ 楽譜のタイトル横にあるQRコードを読み取るだけで、簡単に聴くことができます。選曲の参考にできるのはもちろん、練習を始める前に子どもたちに聴かせるなど、ぜひ役立ててください。

子どもと楽しく歌おう！

「もっと楽しく歌うためには？」「どうすれば子どもが歌に親しめる？」といった保育者のお悩みにお答えします。コツをつかんで楽しい時間を過ごしましょう。

ポイント1 曲のイメージや歌詞の意味を伝えよう

それぞれの曲には、季節の風景や場面、曲にこめた思いなどのテーマがあります。曲のもつイメージや歌詞の意味をわかりやすく説明してから歌うと、子どもたちは曲の世界に入りこむことができます。歌いたい気持ちを引き出しましょう。

「友達と〜♪」のところは、お隣の友達の顔を見てごらん

ポイント3 歌いたくなるような言葉をかけよう

歌が好きな子どもばかりではありません。苦手に感じている子の気持ちに寄り添って、歌に臨む姿勢などよい点を見つけて言葉をかけながら見守ることが大切です。小さなきっかけで歌への気持ちが変化したり、グ〜ンと成長したりすることも。

〇〇くんの声 すごくステキ！もっと聴かせて！

ポイント2 集中できないときは思い切って歌から離れても

行事が近づくと、つい歌の練習に力が入って「しっかり覚えなきゃ」と感じたり、集中力が続かなくなったりすることも。そんなときは、歌はいったんひと休みしましょう。ダンスなど体を動かして気分転換をすると、心も体もリラックスできます。

ポイント4 保育者が笑顔で楽しく歌う姿で子どもたちをリード

ぼくも！

子どもたちに歌の楽しさを伝えるためには、まずは保育者自身が楽しく歌う姿を見せましょう。余裕がないときは、伴奏は右手だけでもよいのです。子どもと一緒に笑顔で歌っていると、いつの間にか子どもたちから明るく元気な声が聴こえてきます。

大きな舞台で弾くときは保育者自身もリラックス

楽しく練習できたおかげで、子どもたちは笑顔で本番！　一方、伴奏の保育者がガチガチ…ということもあります。もちろん、完璧に伴奏することは素晴らしいですが、これまでの頑張りは一緒に歌う子どもたちが一番感じているはず。最後まで弾ければOK！ぐらいの気持ちで挑みましょう。

基本の調と音階

本書に出てくる調と音階をまとめました。どの音が主音（ハ長調でいう「ド」）かわかるよう、音階構成音の鍵盤上での位置も示しています。

ハ長調

- あおいそらにえをかこう (P.10)
- あしたははれる (P.14)
- 世界がひとつになるまで (P.20 ※途中からニ長調へ)
- おひさまになりたい (P.28)
- ともだちがいっぱい (P.34)
- にじのむこうに (P.40)
- たいせつなたからもの (P.60)
- こころのバトン (P.96)
- ぼくのたからもの (P.108)
- はじめの一歩 (P.118)
- 君も心の翼ひろげて (P.124)
- 思い出のアルバム (P.134)
- ともだちになるために (P.156)
- ラララだいすき (P.162)
- ドキドキドン！1年生 (P.174)

ニ長調

- はじめてのさよなら (P.80)
- ありがとう・さようなら (P.86)
- もうすぐりっぱな1年生 (P.178)
- みんなともだち (P.182)

ヘ長調

- ありがとうこころをこめて (P.64)
- ありがとうの花 (P.70)
- またあえる日まで (P.90)
- またね (P.102)
- おめでとうありがとう (P.128)
- 一年生マーチ (P.170)
- またあおう (P.190)

ト長調

- 世界中のこどもたちが (P.46)
- ぼよよん行進曲 (P.50)
- さよならぼくたちのほいくえん (P.74)
- おおきくなるってうれしいね (P.138 ※途中から変ロ長調へ)
- きみとぼくのラララ (P.144)

イ長調

- 花のトンネル (P.196)

変ロ長調

- ま・た・ね〜See You Again〜 (P.150)

反復記号の読み方

楽譜上の反復記号がスムーズに読めると、より弾きやすく、歌いやすくなります。基本の読み方を確認しましょう。

ダ・カーポ *D.C.* ／ダル・セーニョ *D.S.*

*D.C.*は「最初に戻る」、*D.S.*は「セーニョ(𝄋)に戻る」の意味。戻ったあとはフィーネ(*Fine*)で終わります。

リピート 𝄇 ／カッコ 1. 2. など

𝄆がある所で最初に戻ります。𝄆と𝄇で挟まれている所は、挟まれた部分を繰り返します(「𝄆」の向きに注意しましょう)。

1. 2. 3. などがある所は、番号に従って繰り返します。

コーダ ✜Coda

✜Codaは「終結部」の意味。*D.C.*や*D.S.*のあとに加わることがあります。

次のような場合、*D.C.*で最初に戻り、to✜で✜Codaへ飛びます。

次のような場合、*D.S.*でセーニョ(𝄋)に戻り、to✜で✜Codaへ飛びます。

D.C.／*D.S.*と✜Codaに、𝄇や 1. 2. が組み合わさった場合、
原則的に𝄇や 1. 2. を先に演奏し、*D.C.*／*D.S.* → 最初／𝄋 → to✜ → ✜Coda の順に演奏します。

カッコの番号が複雑な場合や、*D.S.*や✜Codaが複数回使われる場合もありますが、次のように演奏します。

かけ声とともに拳を高く上げて

船に乗ってドキドキ・ワクワクな世界へ旅立つ歌です。体全体を大きく揺らしながら、リズムをとりましょう。「エイ！ ヤァ！」のところでは、元気よく拳を上に突き出して、見守る保護者や在園児たちと一緒に盛り上がりましょう。

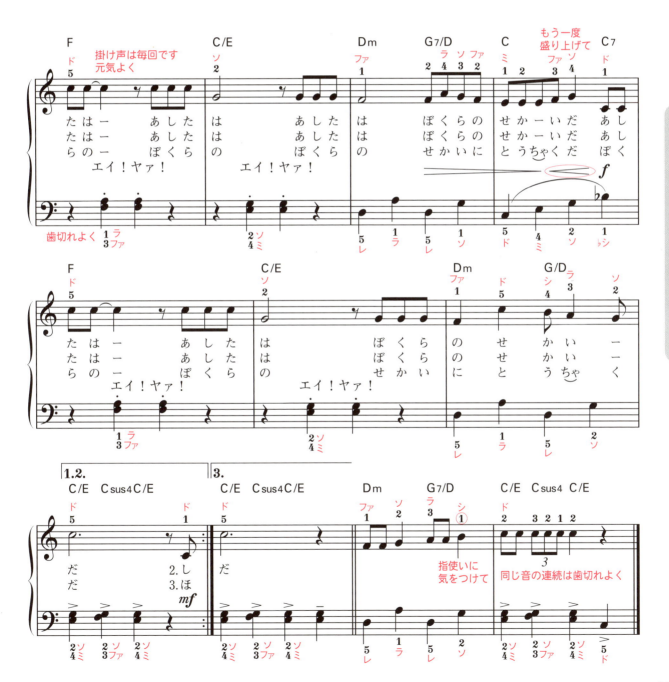

あおいそらにえをかこう

あしたははれる

作詞／坂田 修　作曲／坂田 修

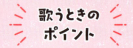

- 隣の人と手を繋いで前後に振りながら歌うと、リズムにのって歌いやすくなります。
- おひさまに声が届くように、大きな声で元気いっぱい歌いましょう。

©1999 NHK Publishing, Inc.

あしたははれる

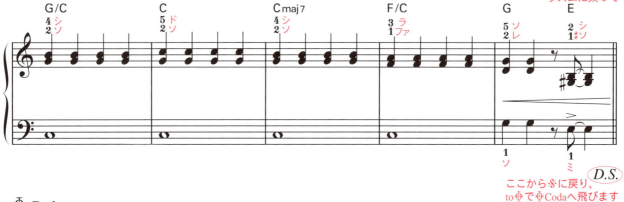
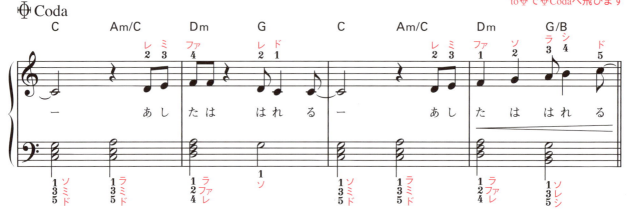
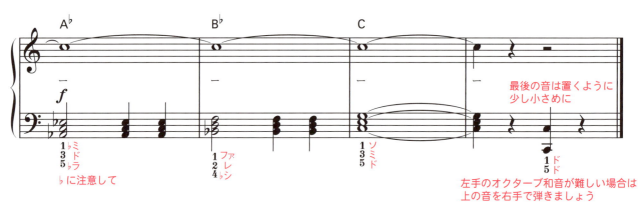

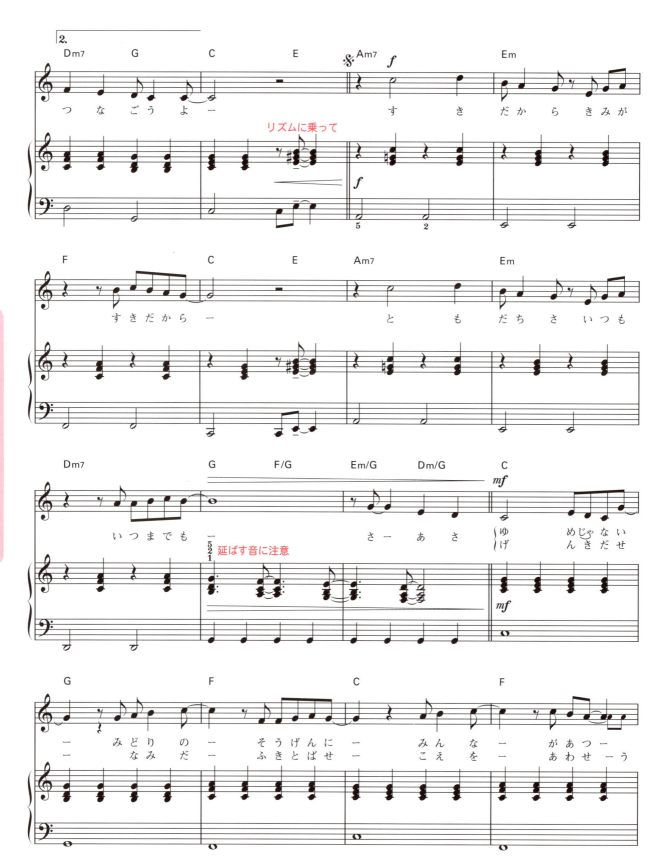

世界がひとつになるまで

作詞／松井五郎　作曲／馬飼野康二

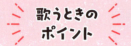

- いろいろなリズムが出てきます。正確なリズムを心がけましょう。
- 後半で調が変わります。音量も気持ちもより盛り上げて歌いましょう。

©1994 NHK Publishing, Inc. & PONY CANYON MUSIC PUBLISHING INC. & Bright Note Music Inc.

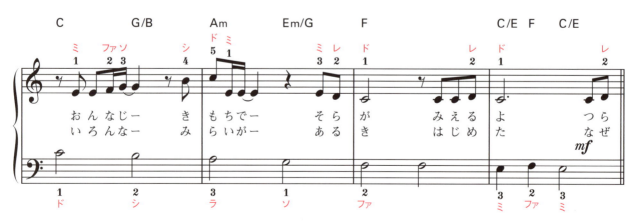

盛り上がる演出アイデア

手をつないでひとつになろう

サビの「せかいがひとつになるまで〜♪」のところから終わりまでは、子どもたち全員で手をつないで、前後に振りながら歌いましょう。仲よく手をつないだ子どもたちの姿と、美しくやさしいメロディーが感動を誘います。

世界がひとつになるまで

世界がひとつになるまで

世界がひとつになるまで

作詞／松井五郎　作曲／馬飼野康二

©1994 NHK Publishing, Inc. & PONY CANYON MUSIC PUBLISHING INC. & Bright Note Music Inc.

世界がひとつになるまで

世界がひとつになるまで

世界がひとつになるまで

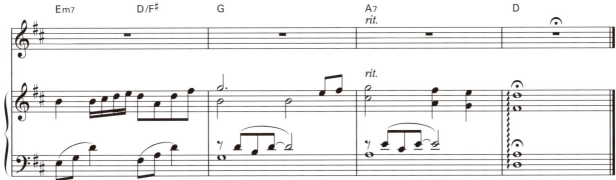

おひさまになりたい

作詞／新沢としひこ　　作曲／中川ひろたか

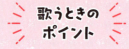

● 2分音符のリズムで身体を左右に揺らしながら歌うと、リズムにのって歌いやすくなります。
● メロディーは軽やかに、はずんだ気持ちを表現しましょう。

©1992 by CRAYONHOUSE CULTURE INSTITUTE

いろんなおひさまをイメージ

子どもたちと「おひさま」のイメージを出し合いましょう。まぶしい日差しや、温かな光、丸い形など、出てきたイメージを次は体で表現します。手をキラキラさせたり、胸の前で丸を作ったり…歌の振り付けに取り入れると、さらに歌への愛着がわいてきます。

おひさまになりたい

作詞／新沢としひこ　作曲／中川ひろたか

©1992 by CRAYONHOUSE CULTURE INSTITUTE

おひさまになりたい

はなやか伴奏

ともだちがいっぱい

作詞／伊藤アキラ　作曲／越部信義

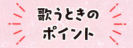
- 8分音符のハネるリズムが特徴的。初めの歌詞に動きを合わせても◎。
- ワクワクした気持ちで、明るく楽しく歌いましょう。

パートで歌い分けると迫力UP

幼児クラスで歌うときは、歌のパートを分けてみましょう。①「♪てをふっておはよう」は一部の子どもたちが歌い、②「♪これでともだち」は全員で歌うなど、掛け合いが歌全体を盛り上げます。歌うパートは、保育者が合図を出して子どもの緊張を和らげましょう。

ともだちがいっぱい

ともだちがいっぱい

作詞／伊藤アキラ　作曲／越部信義

©Ai music ink.

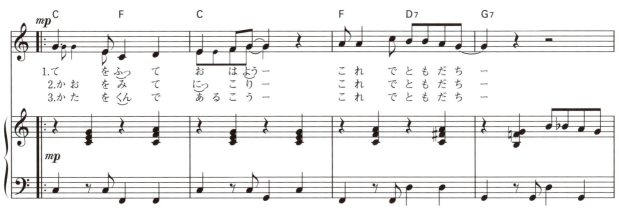

ともだちがいっぱい

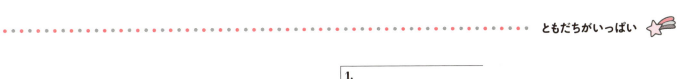

にじのむこうに

作詞／坂田 修　作曲／坂田 修

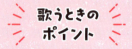

- テンポが速いので、まずはゆっくりとした速さから練習しましょう。
- 「おーい！」のかけ声は、遠くにいる友達に届くように元気いっぱい呼びかけてください。

©1996 NHK Publishing, Inc.

のびやかに 晴れ晴れしく ♩=139

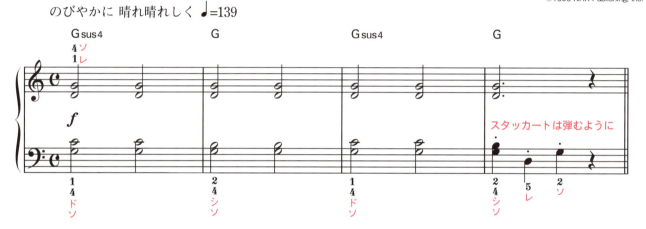

にじのむこうに

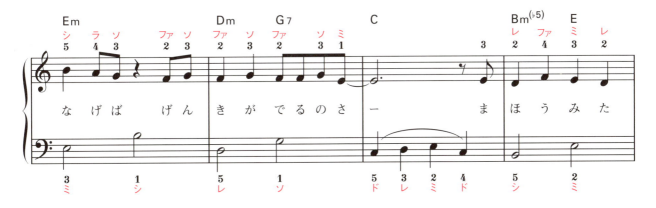
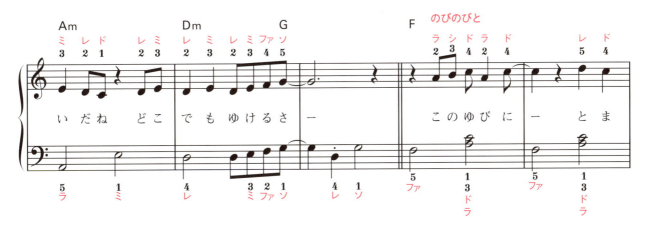

にじのむこうに

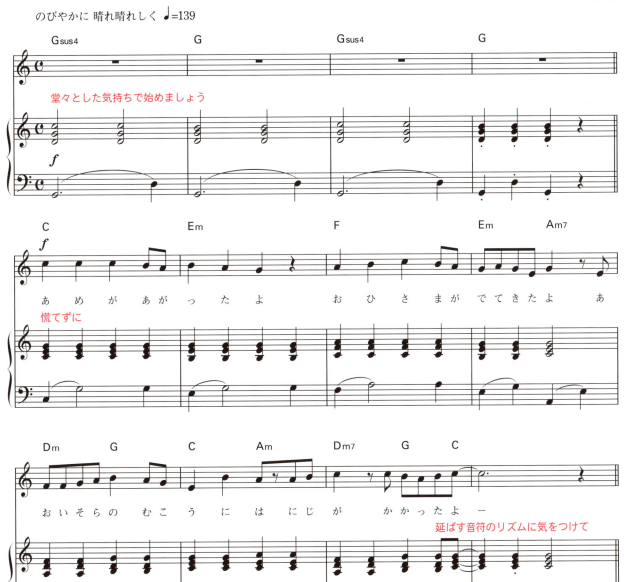

世界中のこどもたちが

作詞／新沢としひこ　　作曲／中川ひろたか

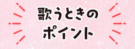

- 前へ前へと進んでいくイメージを大切に歌いましょう。
- 付点は鋭く跳ねずに、3連符の流れにのる感じで軽やかに歌ってください。

©1989 by CRAYONHOUSE CULTURE INSTITUTE

世界中のこどもたちが

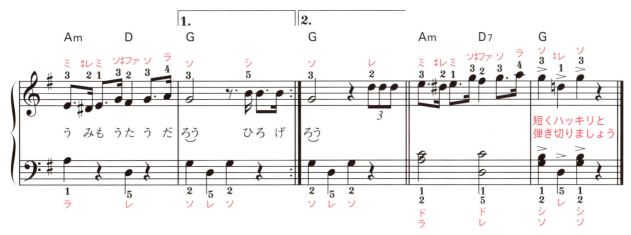

世界中のこどもたちが

作詞／新沢としひこ　作曲／中川ひろたか

©1989 by CRAYONHOUSE CULTURE INSTITUTE

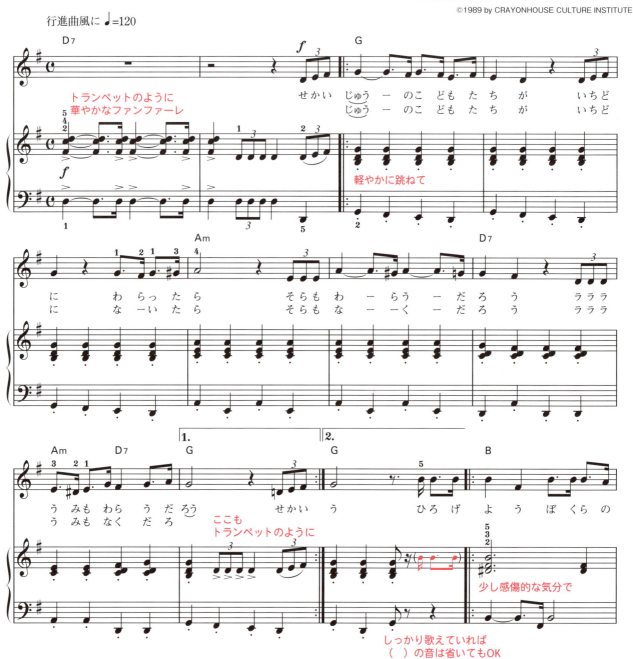

世界中のこどもたちが

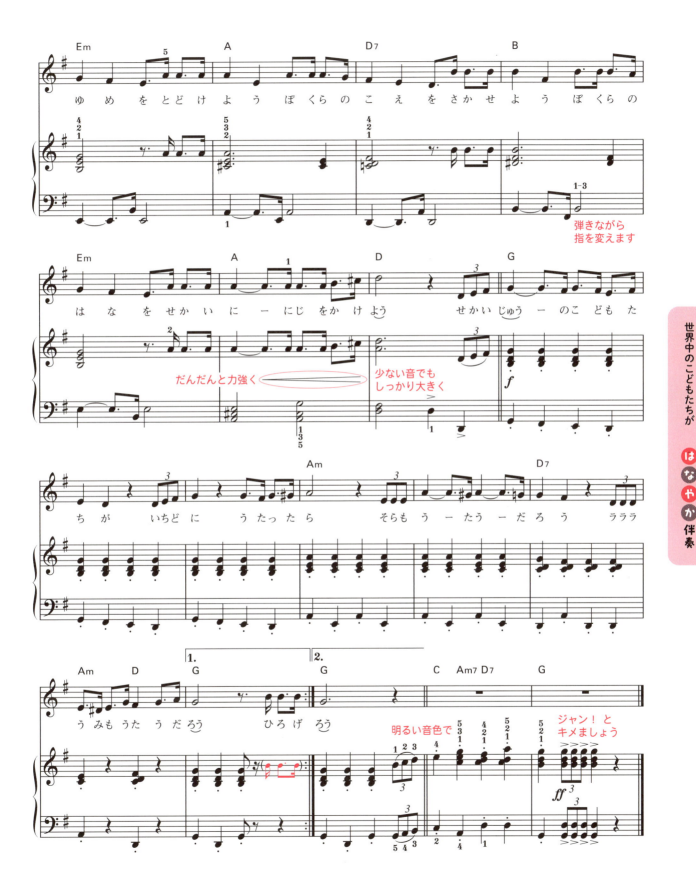

ぼよよん行進曲

作詞／中西圭三、田角有里　　作曲／中西圭三　　編曲／小西貴雄

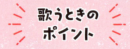

- 行進曲らしく、慌てず地に足をつけて歩くようなイメージをもちましょう。
- 「♪ぴゅーらー りーらー」は雰囲気を変えて、なめらかに流れるように歌います。

©2006 NHK Publishing, Inc.

サビのジャンプは全員で楽しく

歌いながら踊るのは難易度が上がるため、まずは凛々しい足踏みと「ぼよよ〜ん」の楽しいジャンプにポイントを絞って振りをつけましょう。音とずれてしまっても大丈夫。楽しい動きで、笑顔いっぱいに歌う子どもたちの姿を披露することが大切です。

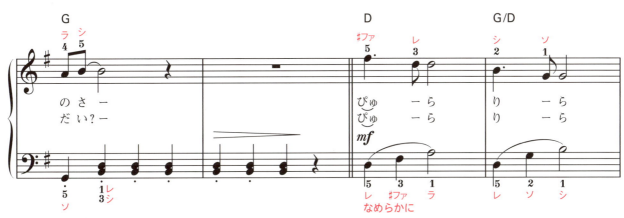

ぼよよん行進曲

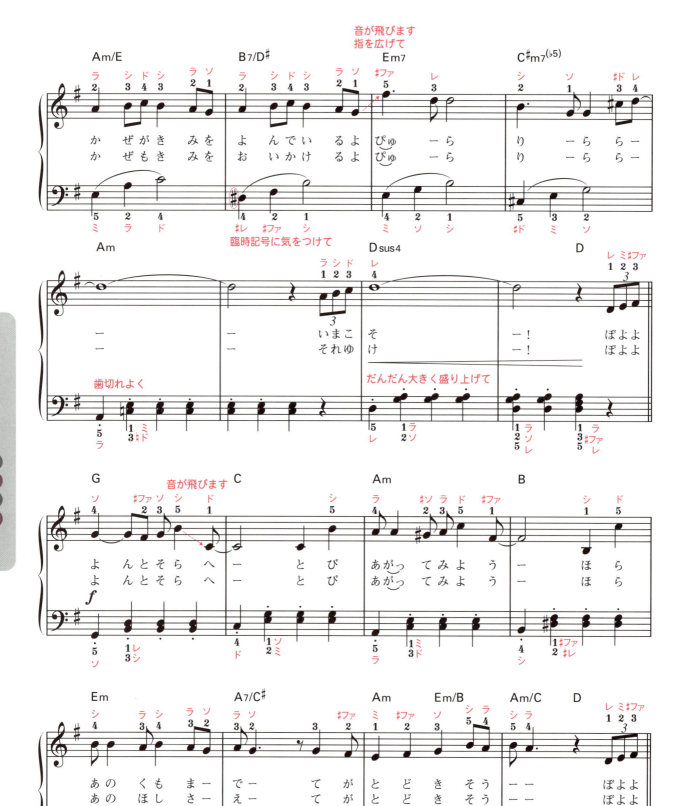

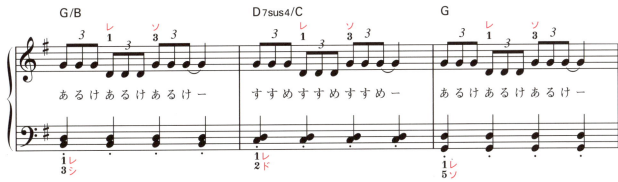

ぽよよん行進曲

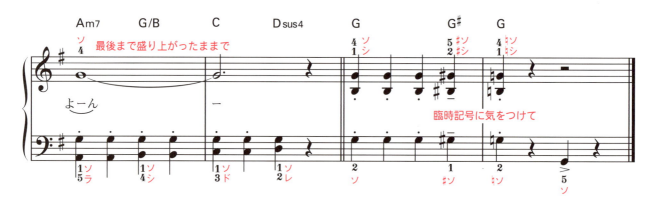

ぼよよん行進曲

作詞／中西圭三、田角有里　　作曲／中西圭三　　編曲／小西貴雄

©2006 NHK Publishing, Inc.

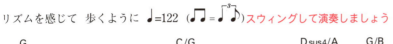

ぽよよん行進曲

たいせつなたからもの

作詞／新沢としひこ　作曲／新沢としひこ

歌うときのポイント
- 優しく温かい気持ちで、心をこめて歌いましょう。
- 同じ音が連続するところは、慌てず1音ずつはっきりと歌ってください。

感謝の気持ちをこめて ♩=104

©2003 by ASK MUSIC Co.,Ltd.

"宝物"の思い出を発表！

歌の前に、園で一番楽しかった思い出を一人ずつ発表しましょう。全員の思い出の数々を胸に、子どもたちは気持ちをこめて歌い、保育者や保護者たちはこれまでの園生活を思い浮かべながら、成長した子どもの歌声を聞くことができます。

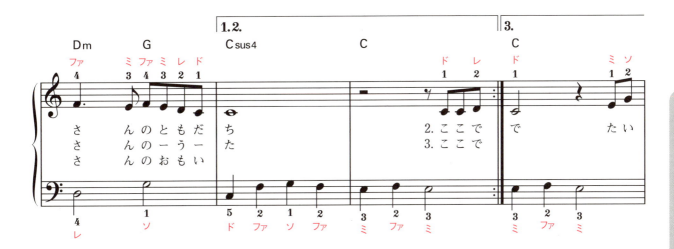

たいせつなたからもの

作詞／新沢としひこ　　作曲／新沢としひこ

歌入り音源

©2003 by ASK MUSIC Co.,Ltd.

たいせつなたからもの

盛り上がる演出アイデア

"ありがとう"を伝えよう

たくさんの思い出とともに、感謝の気持ちを伝える歌です。卒園式の前に、だれにどんな「ありがとう」を伝えたいかを子どもたちと話し合ってみましょう。卒園児の代表者数名が、歌う前に「○○○してくれて、ありがとう」と感謝の気持ちを発表してもよいでしょう。

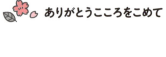
ありがとうこころをこめて

ありがとうこころをこめて

作詞／山﨑 浩　　作曲／山﨑 浩

©2017 by SEVEN SEAS MUSIC CO., LTD.

ありがとうこころをこめて

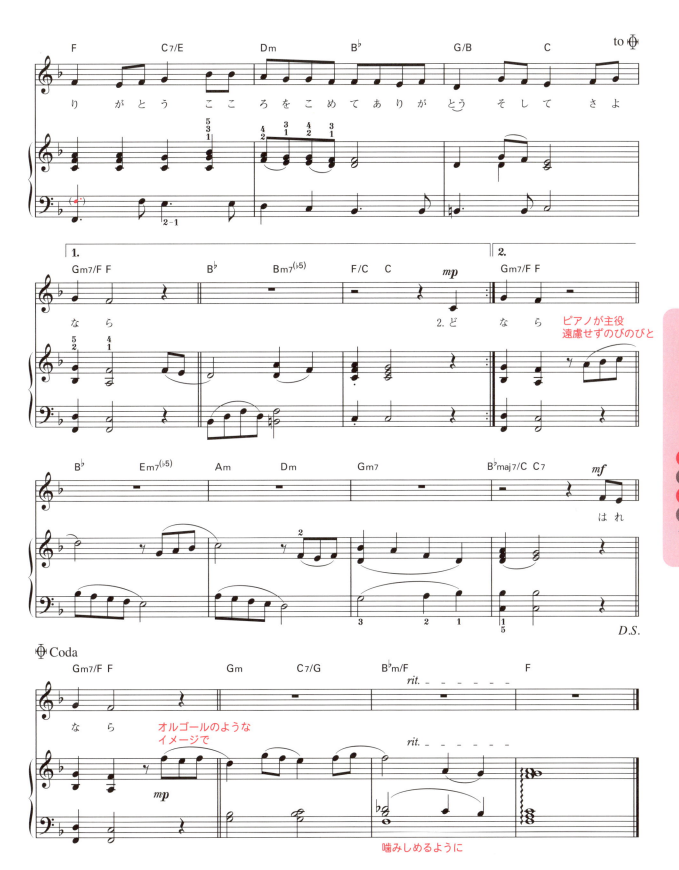

ありがとうの花

作詞／坂田おさむ　作曲／坂田おさむ　編曲／池 毅

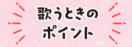

- メロディーが細かく動きます。目線を上げて笑顔で歌うと音程が取りやすくなります。
- サビは伴奏の4分音符にのって、楽しく歌いましょう。

©2009 NHK Publishing, Inc.

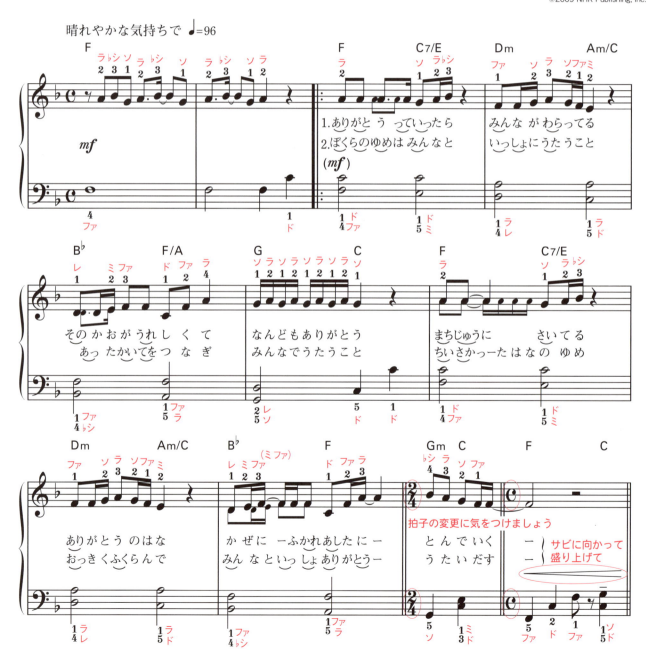

ありがとうの花

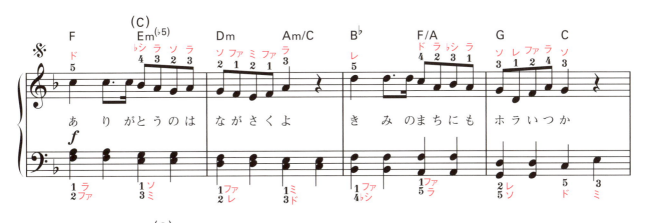

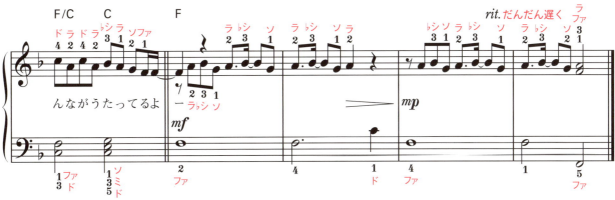

ありがとうの花

さよならぼくたちのほいくえん
（ようちえん・こどもえん）

作詞／新沢としひこ　　作曲／島筒英夫

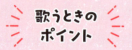

● 園での楽しかった思い出を思いうかべながら、気持ちをこめて歌いましょう。
● 16分音符などの細かいリズムは、焦らずにしっかり拍を数えましょう。

©1996 by ASK MUSIC Co.,Ltd.

74

成長を実感する写真の展示

子どもたちが歌う背景に、園生活の写真をスライドで映したり、そばにパネルで飾ったりしましょう。列席した保護者たちは、成長した子どもの歌声を聴きながら、これまで過ごした日々を静かに振り返ることができます。

さよならぼくたちのほいくえん（ようちえん・こどもえん）

さよならぼくたちのほいくえん（ようちえん・こどもえん）

さよならぼくたちのほいくえん（ようちえん・こどもえん）

さよならぼくたちのほいくえん（ようちえん・こどもえん）

はじめてのさよなら

作詞／桑原永江　作曲／松浦雄太

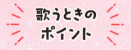

- 6/8拍子をゆったりとした大きな2拍子で捉えて歌いましょう。
- 歌詞に沿って、どんな「はじめて」があったかを思い出してみましょう。

©2014 NHK Publishing, Inc.

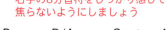

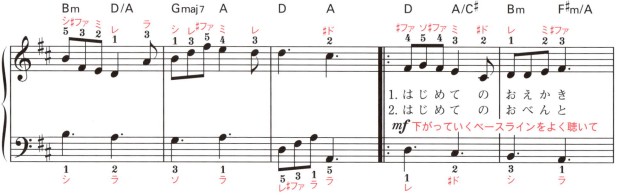

はじめてのさよなら

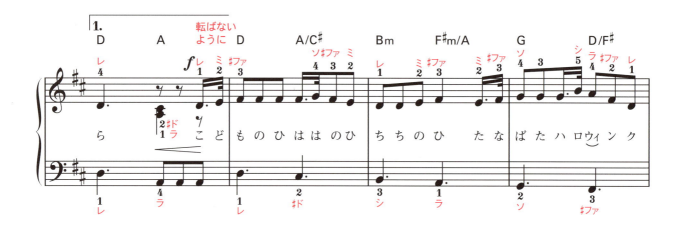

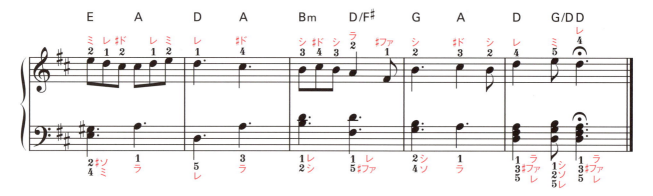

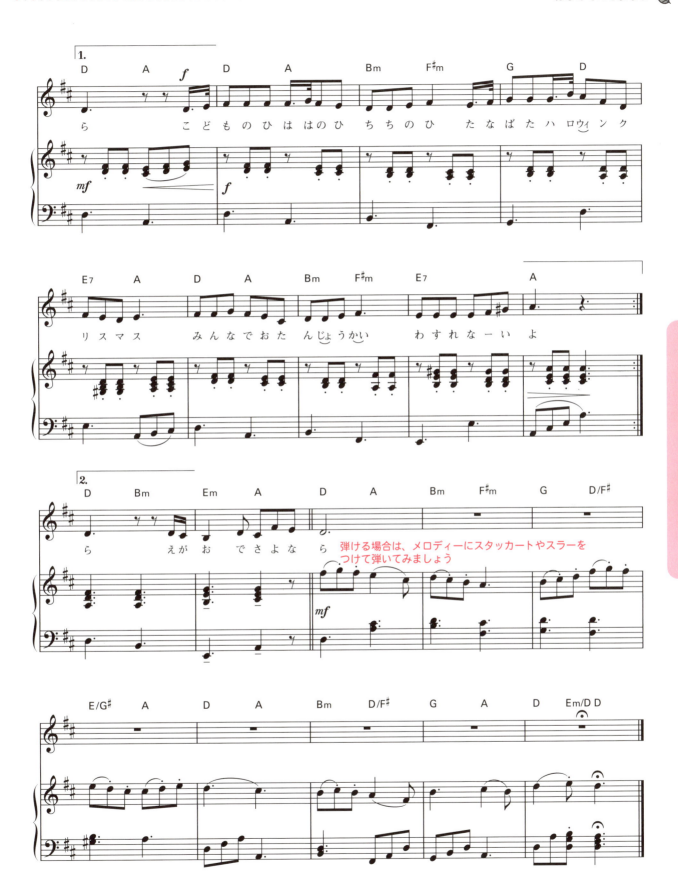

ありがとう・さようなら

作詞／井出隆夫　作曲／福田和禾子

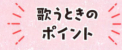

- 1拍が3つに分かれる12/8拍子という拍子です。大きな4拍子を意識してみましょう。
- 強弱をしっかりつけて、感謝や別れの気持ちをこめて歌いましょう。

盛り上がる 演出アイデア

1番から3番まで歌い分けて

友達や先生、園舎など、たくさんの感謝とお別れを歌にのせて伝える卒園ソングの名曲。1番を卒園児が歌い、2番を在園児や保育者、3番を全員一緒に歌うなど、歌い分けてもよいでしょう。卒業をみんなで祝う温かな気持ちが式場全体に広がります。

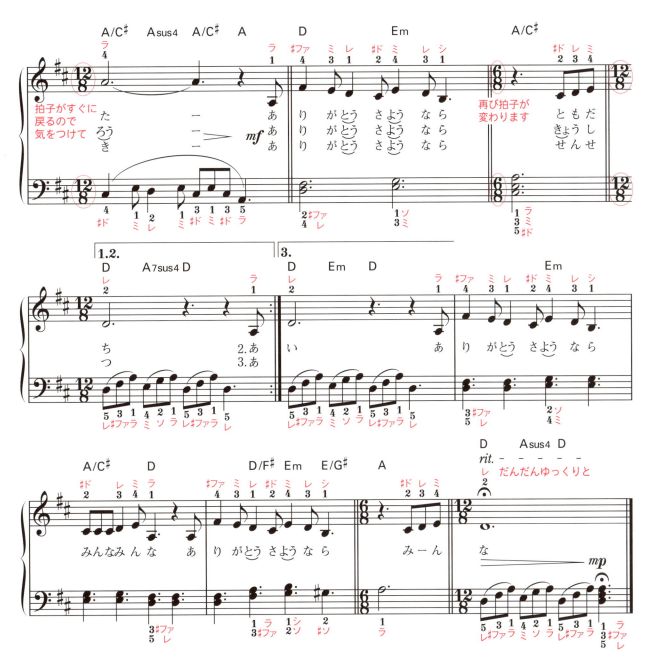

またあえる日まで

作詞／北川悠仁・アドベンチャーキャンプの子供達　作曲／北川悠仁

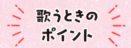

- 思い出を振り返りながら、ひとつひとつの音符・言葉を大切に歌いましょう。
- スウィングのリズムに注意して、場面ごとのメリハリを意識するとよいでしょう。

©2002 by TV ASAHI MUSIC CO., LTD. & SENHA & SONS & T's MUSIC PUBLISHING CO., LTD. & TOY'S FACTORY MUSIC

またあえる日まで

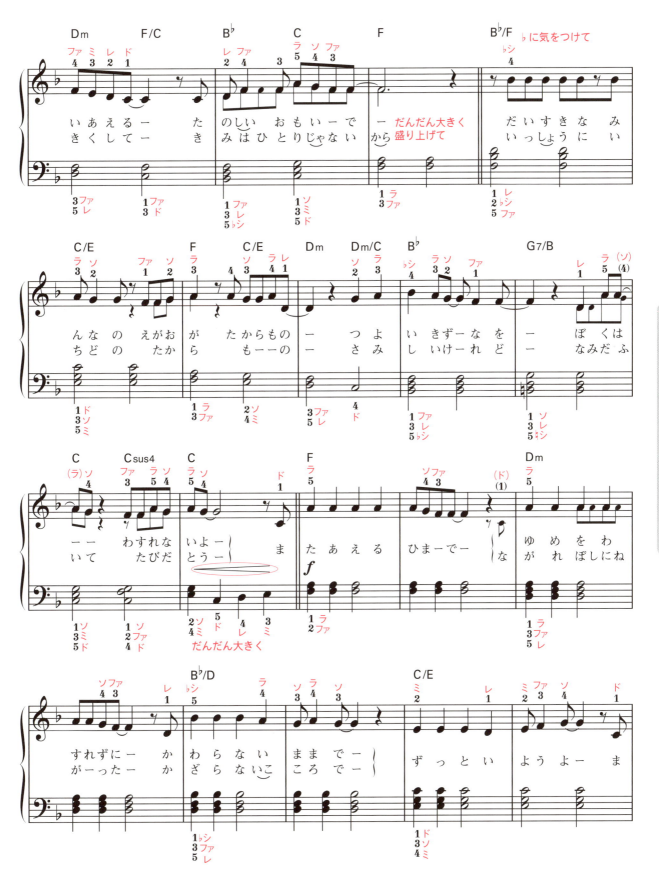

またあえる日まで

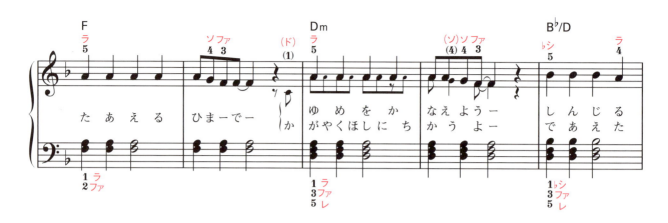

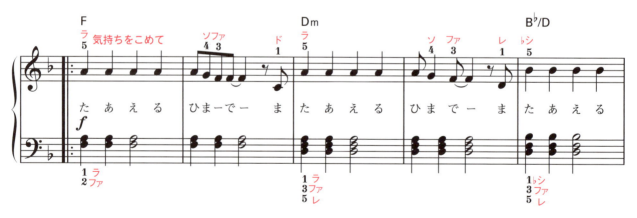
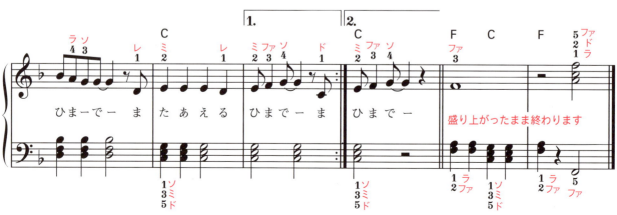

またあえる日まで

作詞／北川悠仁・アドベンチャーキャンプの子供達　　作曲／北川悠仁

歌入り音源

©2002 by TV ASAHI MUSIC CO., LTD. & SENHA & SONS & T's MUSIC PUBLISHING CO., LTD. & TOY'S FACTORY MUSIC

元気よく 弾むように ♩=126　スウィングして演奏しましょう

ワン！ツー！
掛け声は元気よく
ピアノが主役
堂々と弾きましょう

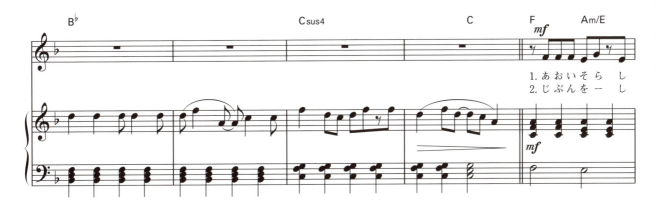

1. あおいそら　し
2. じぶんを　　し

ろいくもー　　ゆうきをもって　ふみだそう　　おもいだすと　わら
ーんじてー　　いっぽすすめば　なにかつかめるさ　すこしゆめをおお

またあえる日まで

こころのバトン

作詞／新沢としひこ　　作曲／新沢としひこ

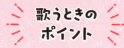

- メロディーは気持ちをこめて、表情豊かに歌いましょう。
- フレーズが途切れないように、なめらかにつなげるイメージを大切に歌ってください。

©2015 by ASK MUSIC Co.,Ltd.

こころのバトン

こころのバトン

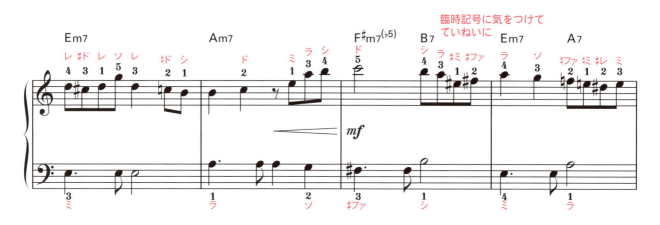

こころのバトン

作詞／新沢としひこ　作曲／新沢としひこ

©2015 by ASK MUSIC Co.,Ltd.

またね

作詞／町田浩志　　作曲／町田浩志

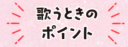

- 明るくリズミカルな曲です。前向きな気持ちで、笑顔で元気よく歌いましょう。
- 16分音符が多くでてきますが、焦ってテンポが速くならないように注意しましょう。

©2003 by CENTER MUSIC Co., Ltd

元気な「またね」でお別れを

サビの部分「♪またね〜　またね〜」では、在園児や保育者に向かって大きく手を振りながら歌いましょう。明るくリズミカルな曲調と、歌詞にあるお別れのさみしさが聴く人の心に強く響きます。

またね

またね

作詞／町田浩志　作曲／町田浩志

©2003 by CENTER MUSIC Co., Ltd

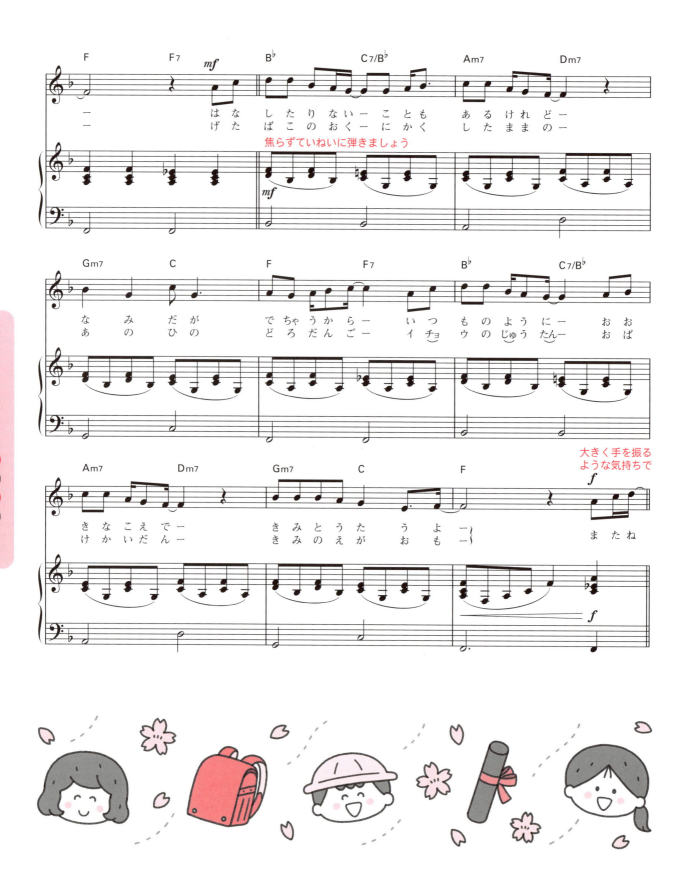

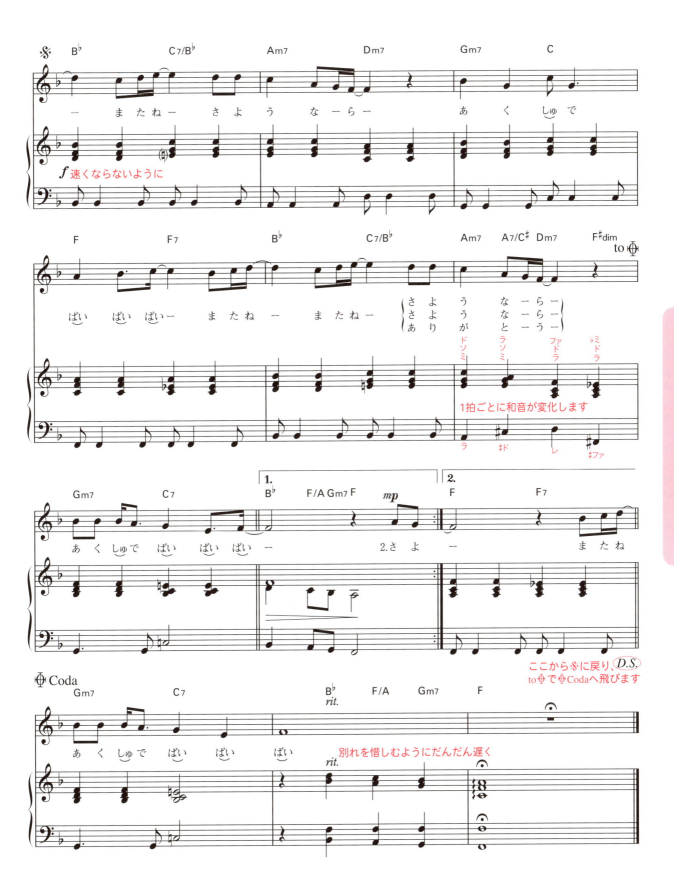

ぼくのたからもの

作詞／関 智之　作曲／関 智之

歌うときのポイント
- 少し長い曲ですが、場面ごとに強弱をしっかりとつけて、メリハリを意識しましょう。
- 歌詞の内容をかみしめながら、心をこめて歌いましょう。

©2016 by SEVEN SEAS MUSIC CO., LTD.

ぼくのたからもの

ぼくのたからもの

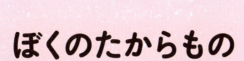

©2016 by SEVEN SEAS MUSIC CO., LTD.

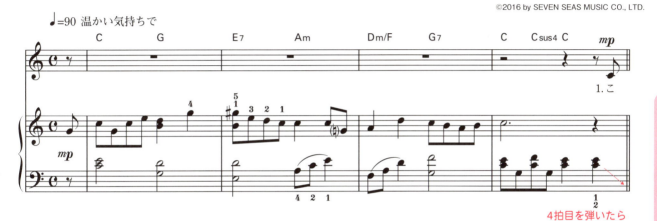

4拍目を弾いたら
すぐに次の音に移動

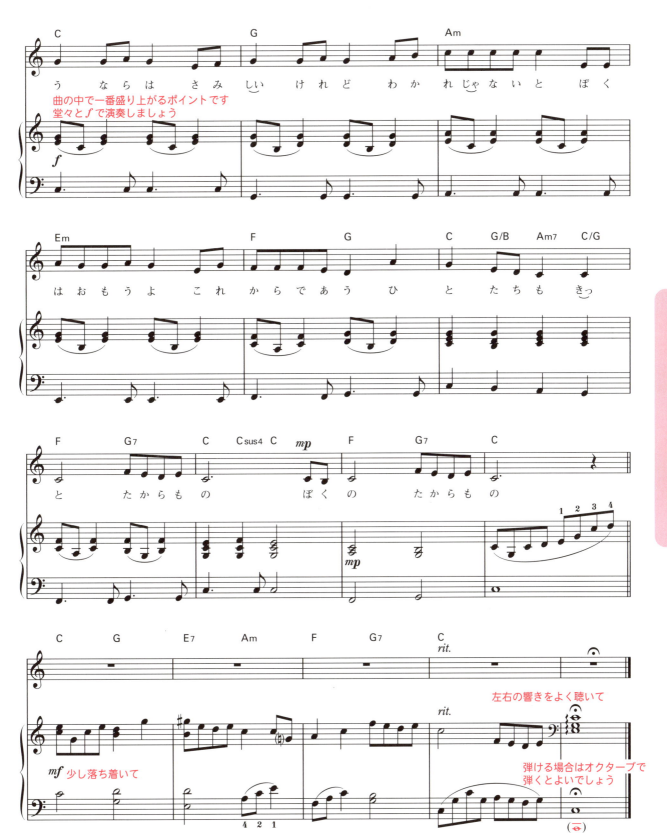

はじめの一歩

作詞／新沢としひこ　作曲／中川ひろたか

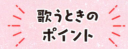

- 新しい日へのワクワクする気持ちを思い浮かべながら歌います。
- サビは明るい声で伸びやかに響かせましょう。

©1989 by CRAYONHOUSE CULTURE INSTITUTE

歌詞を子どもたちへのエールに

新しい小学校での生活が始まる——。不安と楽しみでいっぱいの卒園児たちに「小さくても一歩を踏み出す勇気」の大切さを歌詞にのせて伝えましょう。本番ではしっかりと前を向き、自信に満ちた表情を歌ってくれるはずです。

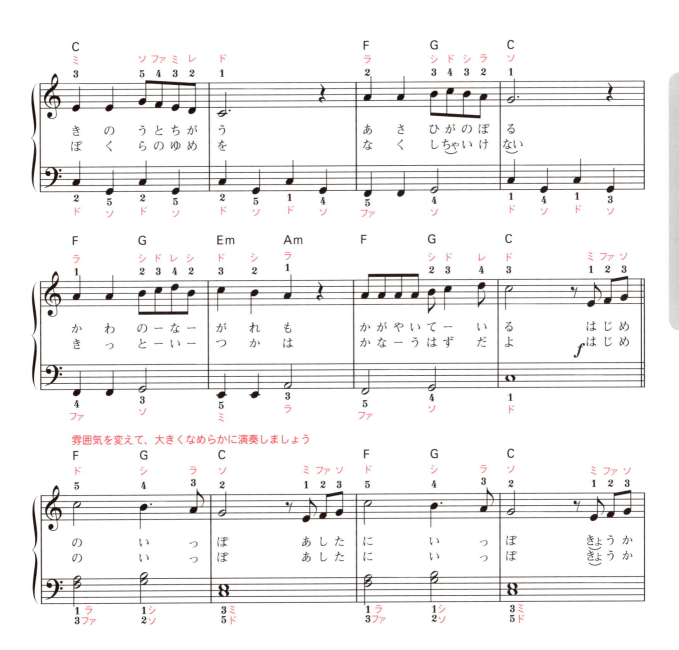

はじめの一歩

はじめの一歩

作詞／新沢としひこ　　作曲／中川ひろたか

©1989 by CRAYONHOUSE CULTURE INSTITUTE

はじめの一歩

君も心の翼ひろげて

作詞／福尾野歩　作曲／才谷梅太郎

歌うときのポイント
- 胸を張って声を大きく響かせましょう。
- 明日が楽しみになるような気持ちで歌いましょう。

©1989 by CRAYONHOUSE CULTURE INSTITUTE

君も心の翼ひろげて

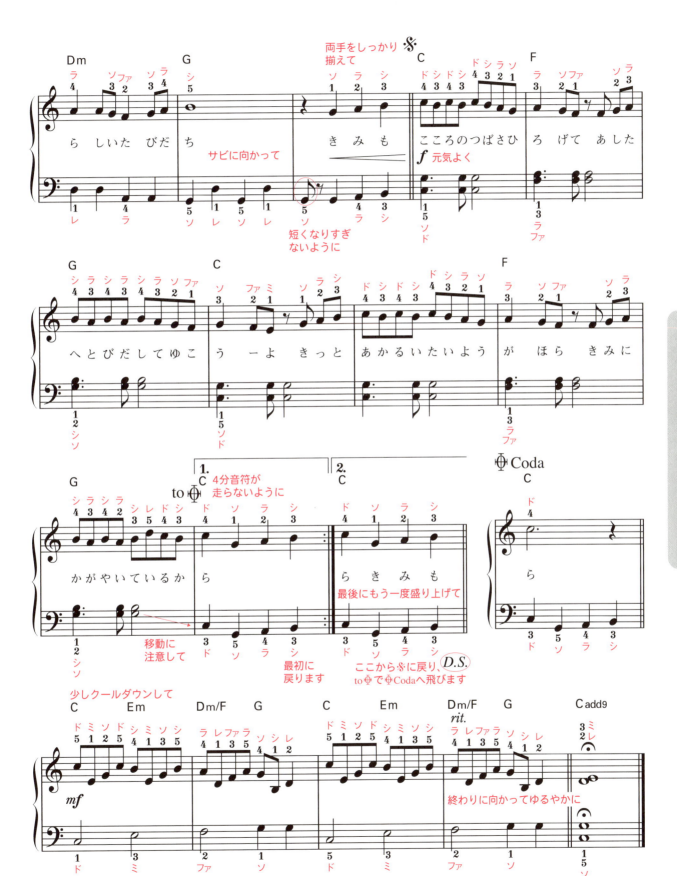

君も心の翼ひろげて

作詞／福尾野歩　作曲／才谷梅太郎

©1989 by CRAYONHOUSE CULTURE INSTITUTE

おめでとうありがとう

作詞／平田明子　作曲／増田裕子

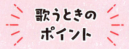

- 感謝の心が伝わるように、気持ちをこめて歌いましょう。
- セーニョ（𝄋）で戻ったときの「♪おめでとう ありがとう」はさらに盛り上げて。

©KAERUCHAN OFFICE

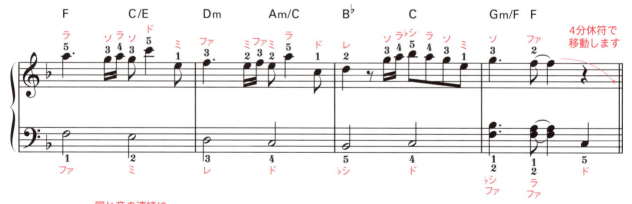

おめでとうありがとう

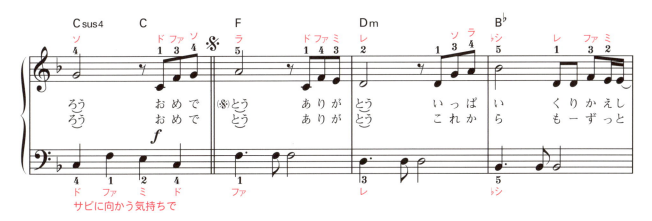
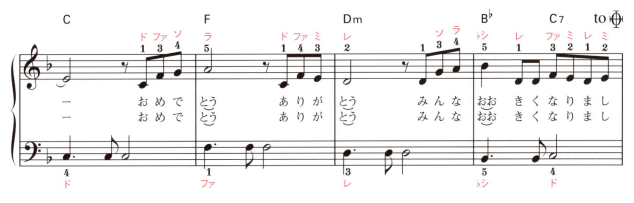

おめでとうありがとう

思い出のアルバム

作詞／増子とし　作曲／本多鉄麿

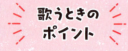

- 昔から大切にされてきた日本歌曲の優しさや美しさを、情感豊かに歌いましょう。
- 歌詞の内容に沿って、子どもたちと思い出を振り返ってみましょう。

©1961 by TV ASAHI MUSIC CO., LTD.

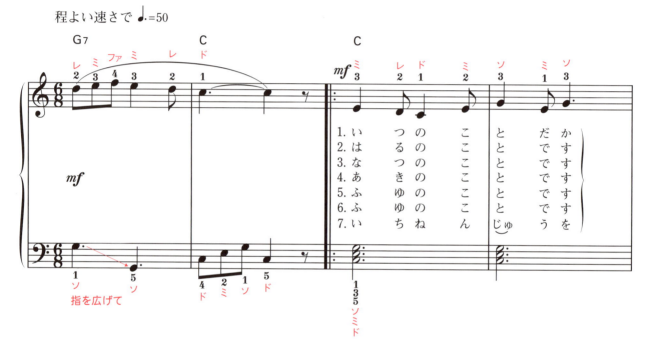

思い出のアルバム

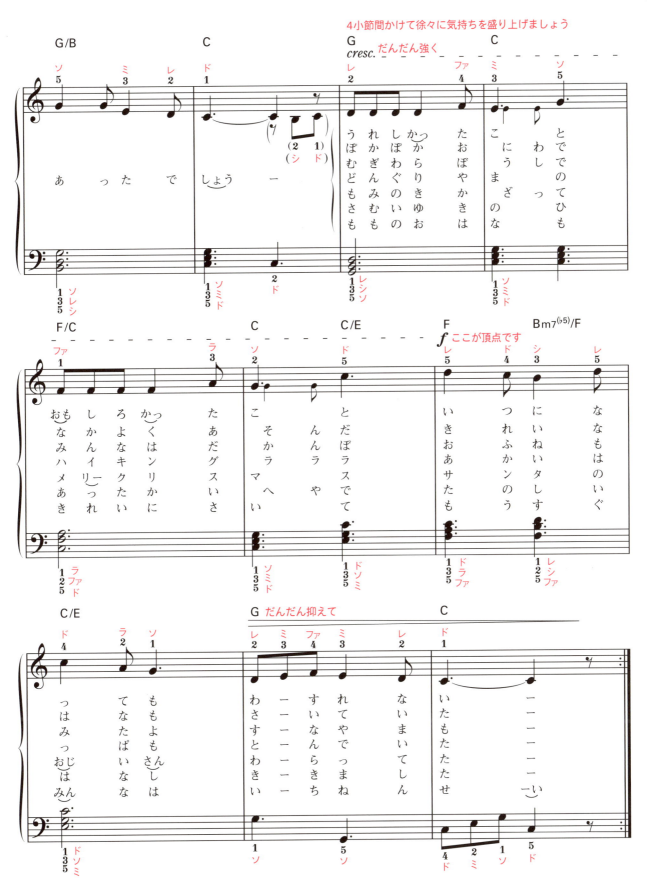

おおきくなるって うれしいね

作詞／増田裕子　作曲／増田裕子

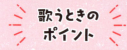

- 明るい曲調を楽しみながら、元気よくイキイキと歌いましょう。
- 最後の「♪なるよ」は1年生へのワクワク感をこめて、軽く弾むように！

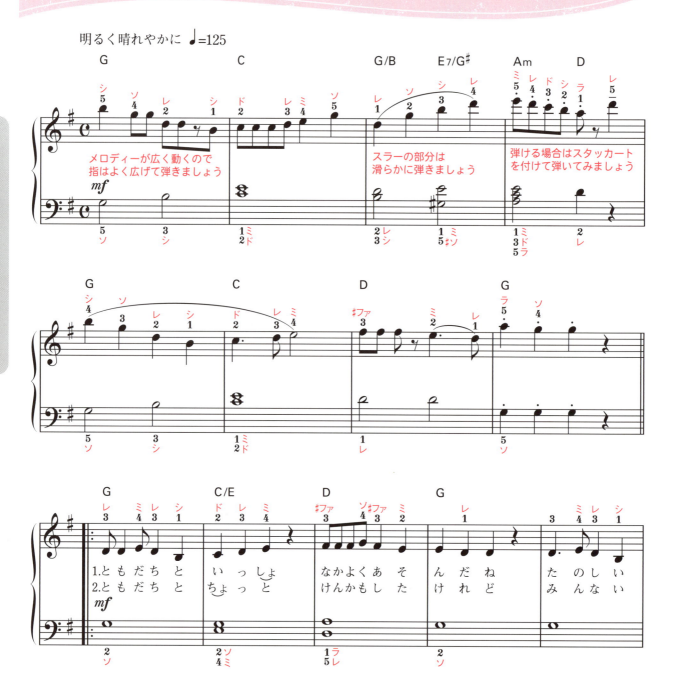

おおきくなるってうれしいね

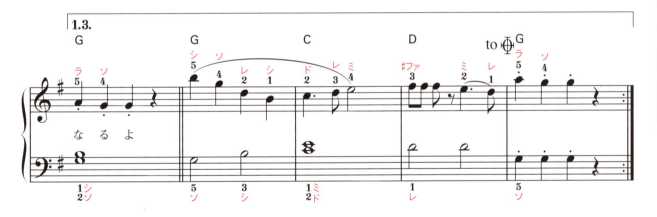

おおきくなるってうれしいね

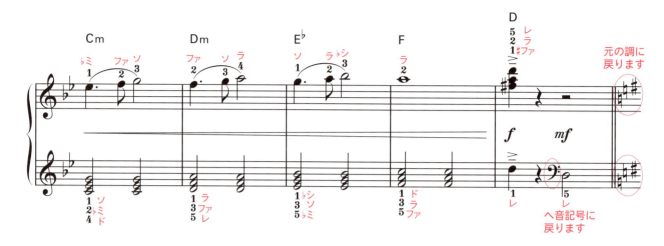
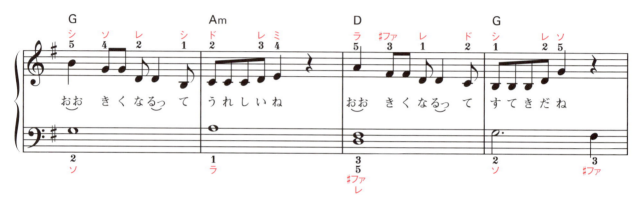

おおきくなるって うれしいね

作詞／増田裕子　　作曲／増田裕子

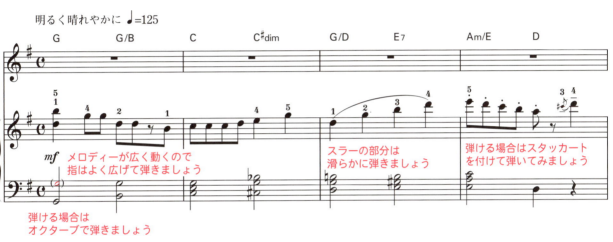
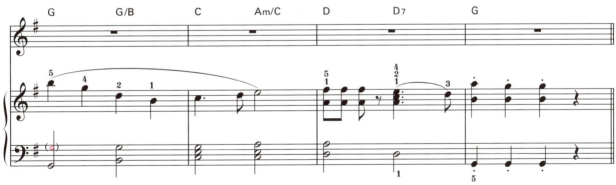

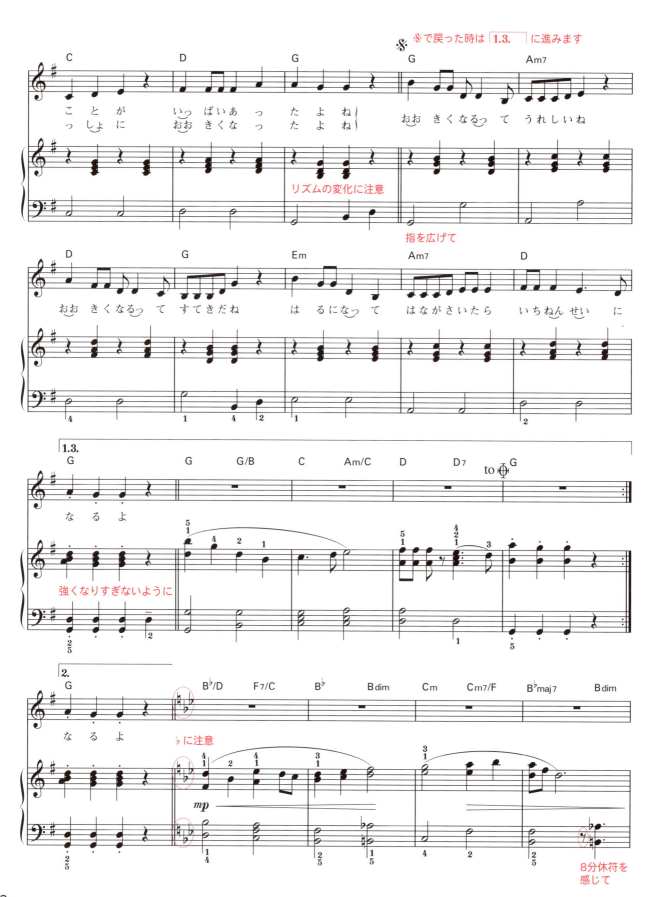

きみとぼくのラララ

作詞／新沢としひこ　作曲／中川ひろたか

歌うときのポイント
- リズムや音程をとるのが難しいところも、自信をもっていねいに歌いましょう。
- 友達とまた会える日を信じて、前向きな気持ちをこめましょう。

©1991 by CRAYONHOUSE CULTURE INSTITUTE

元気よく ♩=86

隣の友達と見つめ合いながら

「♪ぼくの〇〇〇と きみの〇〇〇は つながっているから おんなじ〇〇だから」の歌詞で、隣の友達とお互いに顔を見合わせるように歌うとよいでしょう。卒園しても、きっとまた会おうねという気持ちが自然と歌にこめられるようになります。

きみとぼくのラララ

きみとぼくのラララ

ま・た・ね
〜See You Again〜

作詞／瀬戸口清文・工藤 崇　　作曲／工藤 崇

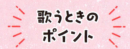

- お洒落な雰囲気を楽しんで、重たくならないように爽やかに歌いましょう。
- サビの「アイアイアイアーイ」は、みんなで元気よく笑顔で！

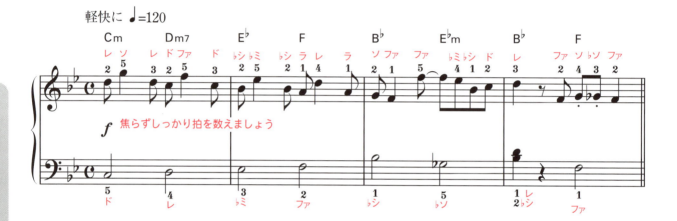

ま・た・ね～See You Again～

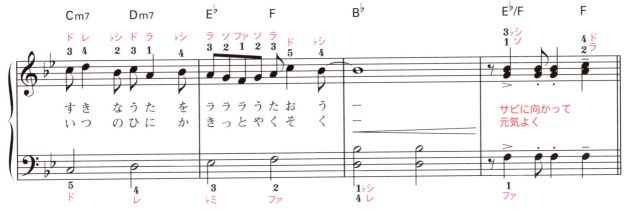
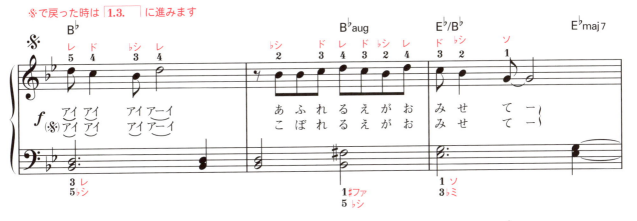

ま・た・ね〜See You Again〜

ま・た・ね～See You Again～

ま・た・ね〜See You Again〜

ともだちになるために

作詞／新沢としひこ　作曲／中川ひろたか

歌うときのポイント

- 優しく大らかな気持ちで、大切な友達と出会えた喜びを表現しましょう。
- 後半の「きみと」が続くところは、大きい声で明るくはっきりと歌いましょう。

©1989 by CRAYONHOUSE CULTURE INSTITUTE

ともだちになるために

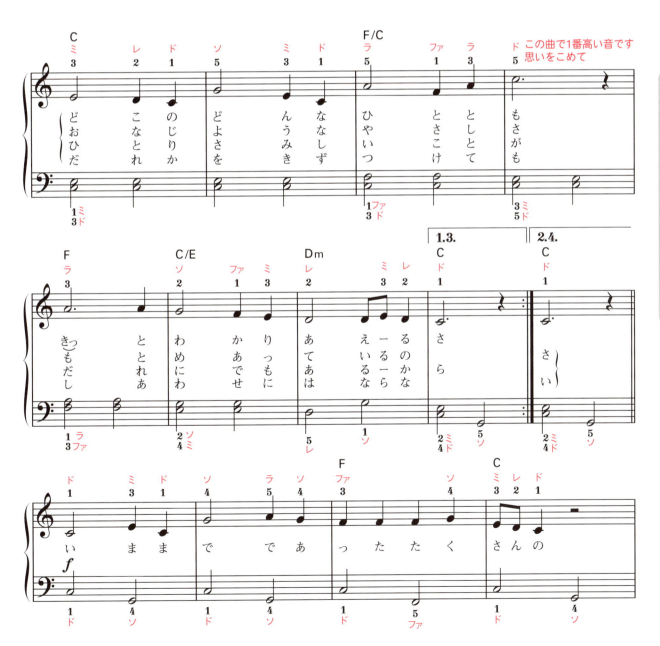

ともだちになるために

ラララだいすき

作詞／山口たかし　作曲／髙田さとし

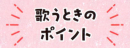

- 全体的にテンポが走らないように、まずはゆっくりとした速さで練習しましょう。
- 最後のサビの「ラララ〜」は、友達への大好きな気持ちをこめて盛大に歌いましょう。

ラララだいすき

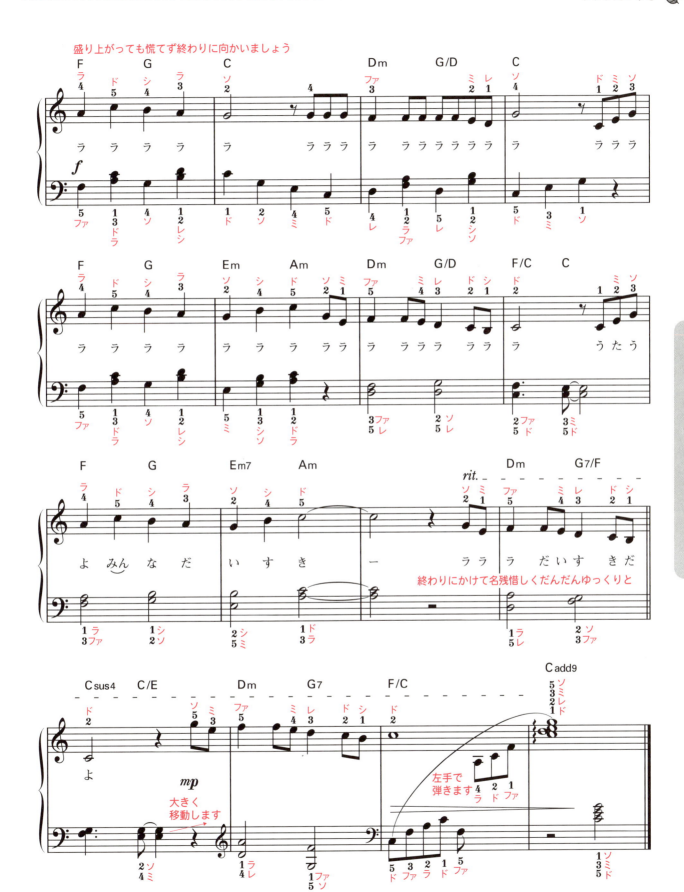

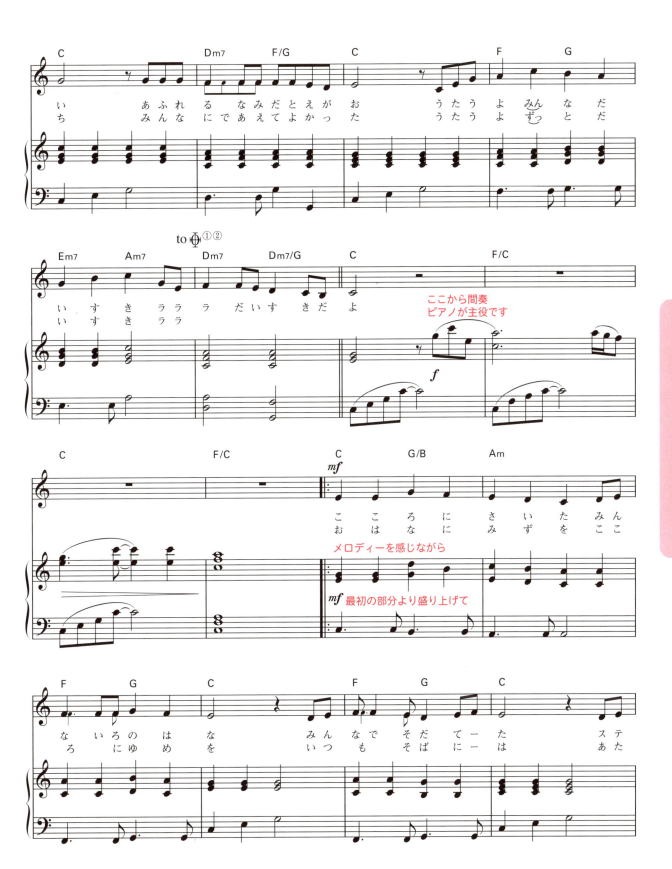

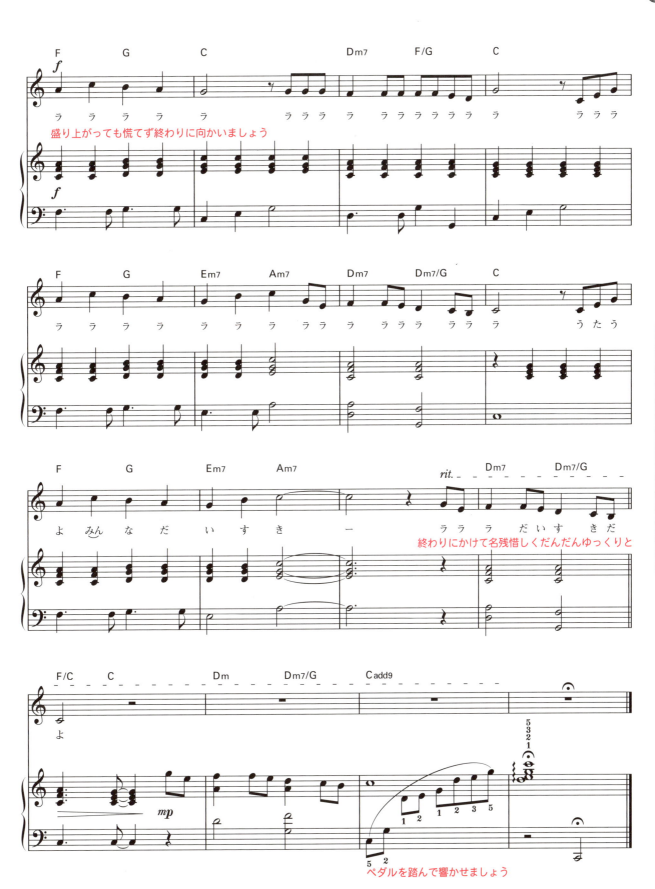

一年生マーチ

作詞／新沢としひこ　作曲／新沢としひこ

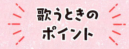

- ズンズンと前進して行くような気持ちで歌いましょう。
- スウィングを感じながら、4分音符のリズムで元気に足踏みするとよいでしょう。

©2006 by ASK MUSIC Co.,Ltd.

一年生マーチ

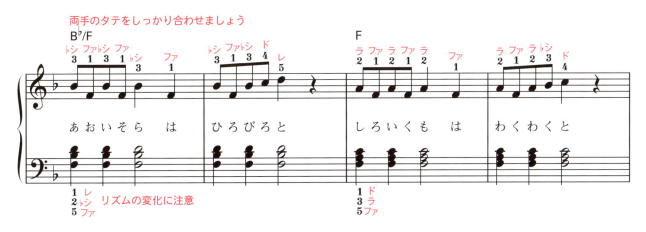
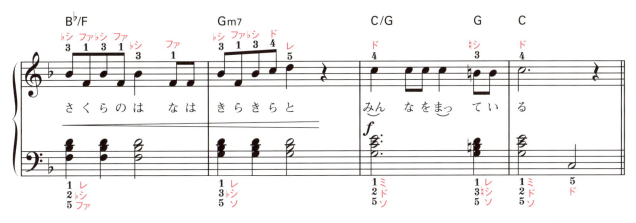

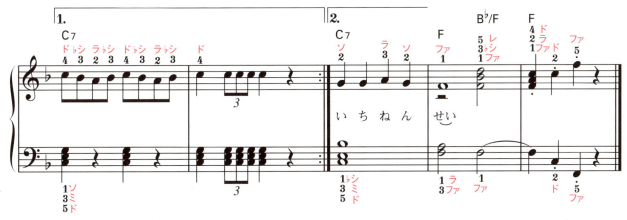

ドキドキドン！1年生

作詞／伊藤アキラ　作曲／櫻井 順

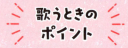

- 新しく始まる小学校での生活を想像しながら楽しく歌いましょう。
- メロディーの跳躍やリズムを活かして、ドキドキやワクワクを表現してみましょう。

©1986 by FUJIPACIFIC MUSIC INC.

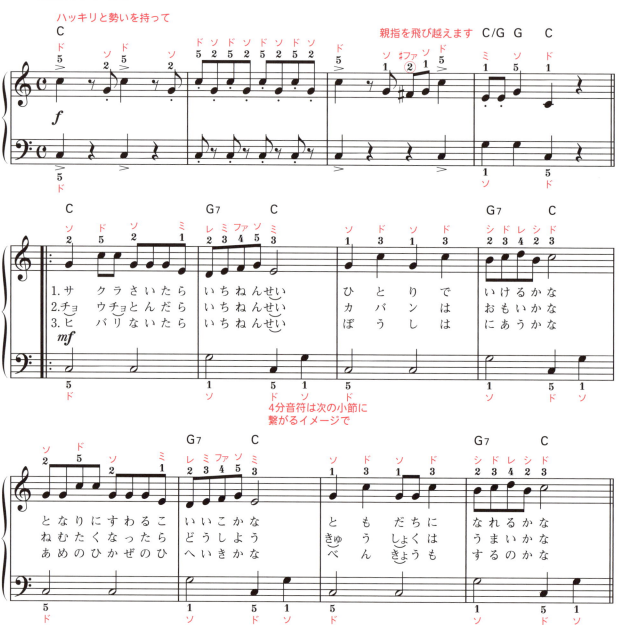

ドキドキドン！1年生

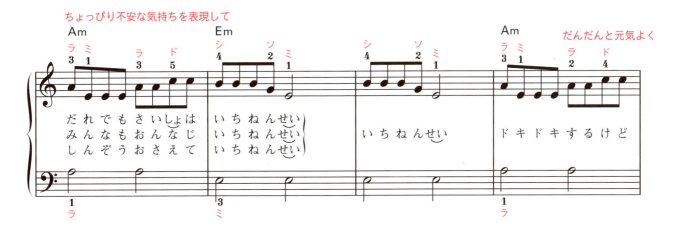

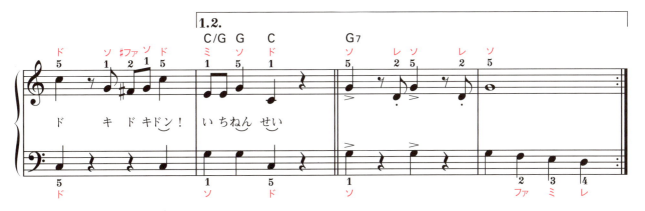

ドキドキドン！1年生

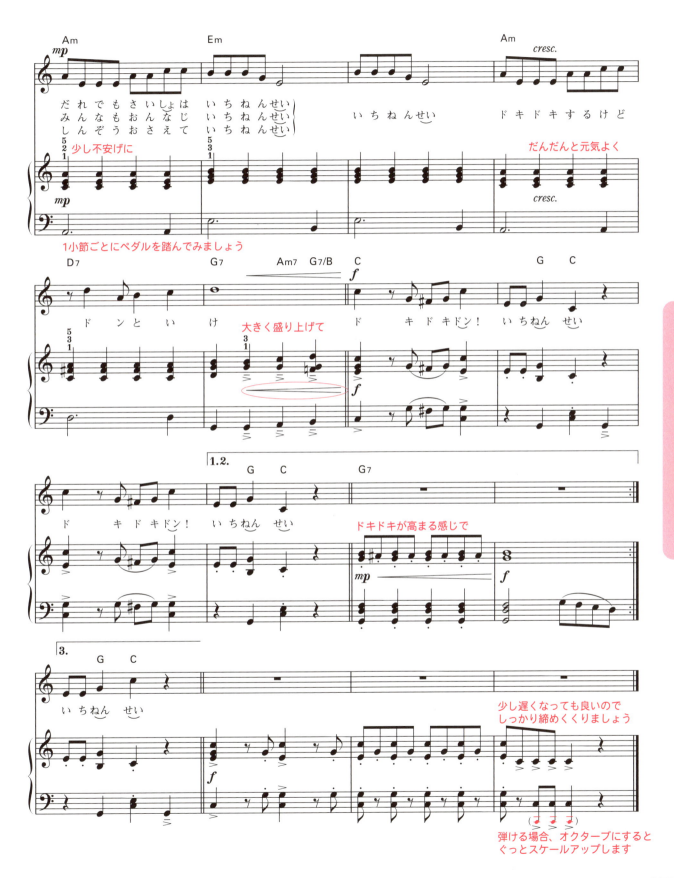

もうすぐりっぱな1年生

作詞／新沢としひこ　作曲／新沢としひこ

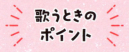

- 未来の1年生の姿を想像して、明るく楽しくリズムにのって歌いましょう。
- 重たくならないように、少し肩の力を抜いて歌うとよいでしょう。

©2005 by ASK MUSIC Co.,Ltd.

卒園児に手拍子のエールを！

小学校にむけてワクワクした気持ちを元気に表わした歌です。式の前に参列者に歌詞カードを渡して、サビの部分「♪でもだいじょうぶ でもだいじょうぶ」で、手拍子してもらいましょう。歌う卒園児たちを温かく送り出すエールになります。

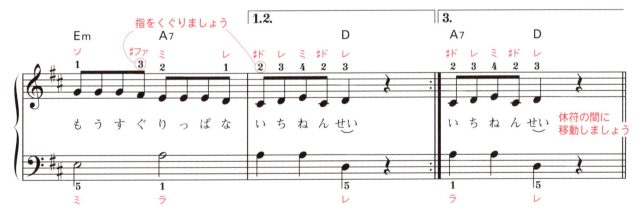

もうすぐりっぱな1年生

みんなともだち

作詞／中川ひろたか　　作曲／中川ひろたか

歌うときのポイント
- 友達と過ごした園生活での楽しかったことを思い出してみましょう。
- リズムにのって、体を動かしながら歌いましょう。

©1989 by FUJIPACIFIC MUSIC INC.

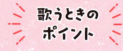

卒園児との思い出を替え歌に

在園児が歌う場合、「♪みんないっしょに」の歌詞の後は、卒園児との思い出を盛りこんだ替え歌にして歌いましょう。在園児から見た卒園児との思い出やさまざまなエピソードが伝わるオリジナルソングになります。歌詞のアイデアはみんなで出し合いましょう。

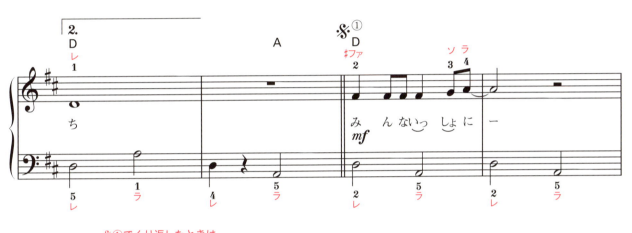

みんなともだち

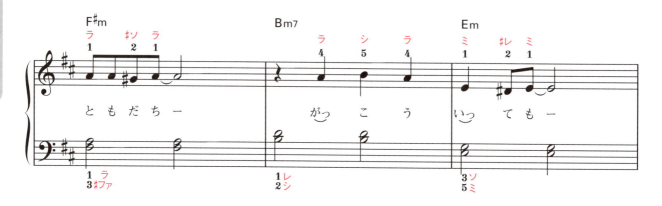
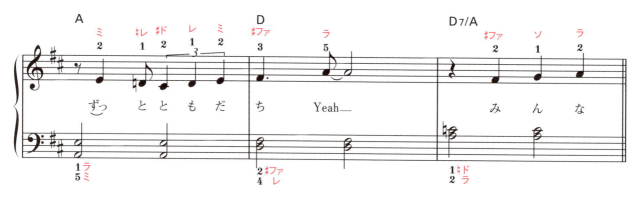

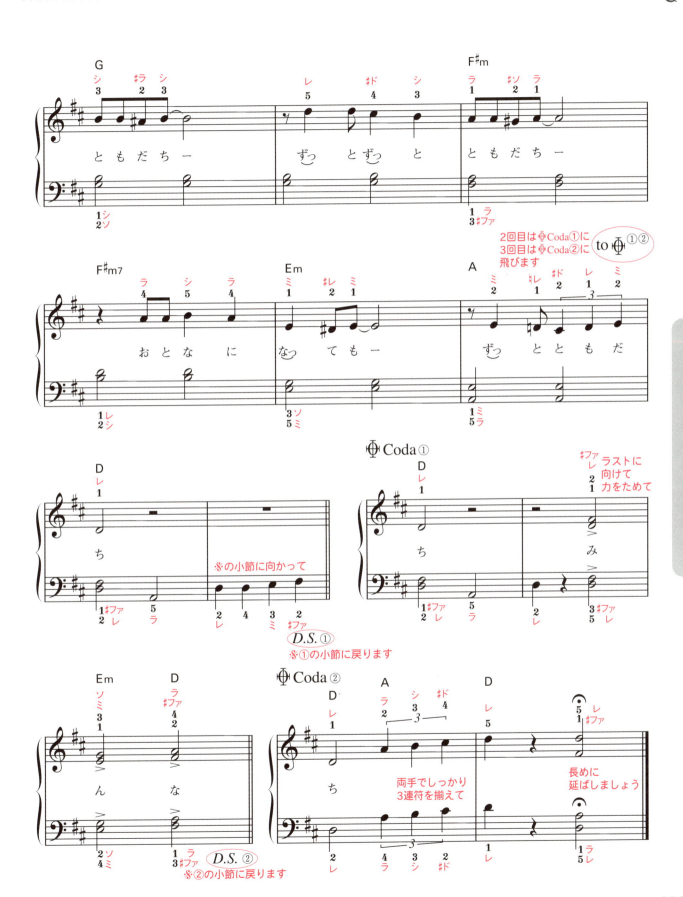

みんなともだち

作詞／中川ひろたか　作曲／中川ひろたか

©1989 by FUJIPACIFIC MUSIC INC.

みんなともだち

またあおう

作詞／平田明子　作曲／増田裕子

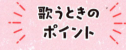

- 友達の顔を思い浮かべながら、明るく笑顔で歌いましょう。
- ひとつひとつの言葉を大事に、ていねいに歌い上げましょう。

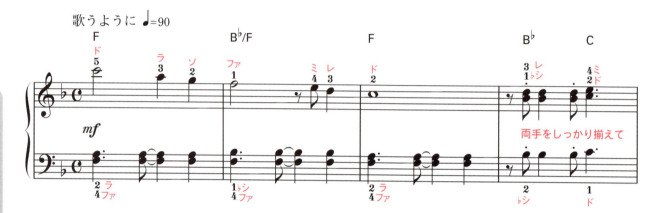

またあおう

またあおう

作詞／平田明子　作曲／増田裕子

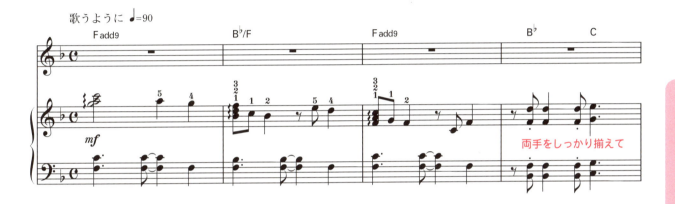

またあおう

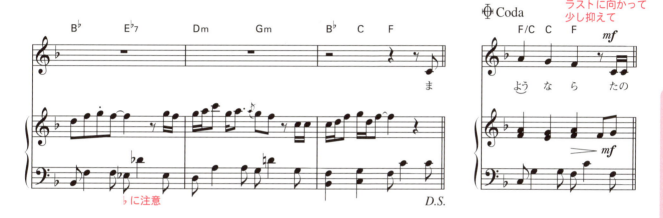

花のトンネル

作詞／藤本ちか　作曲／藤本ちか

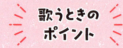

- リズムにのって明るく軽快に歌ってください。
- かけ声のところは、元気に「はーい！」とお返事しましょう。

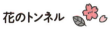
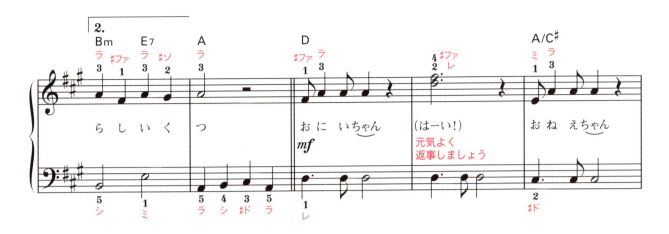

花のトンネル

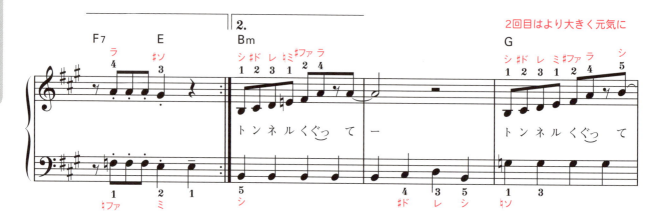
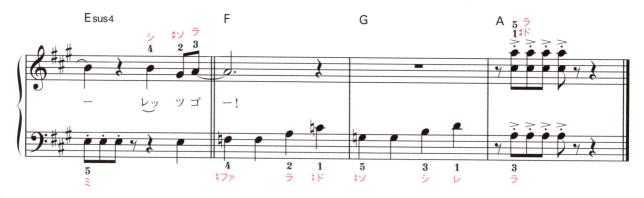

花のトンネル

花のトンネル

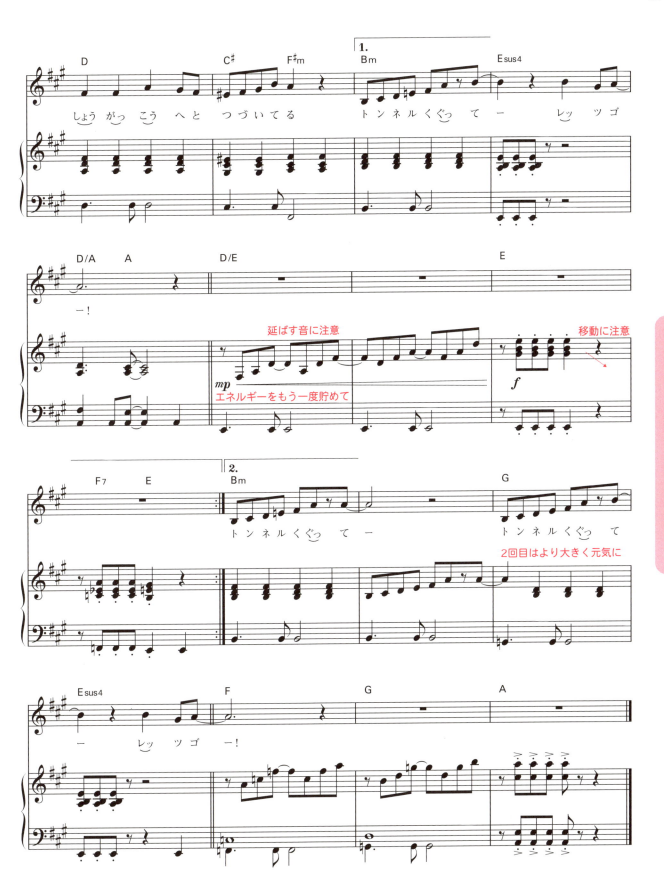

歌詞リスト

★ 発表会　人気・定番曲

▶P.10　あおいそらにえをかこう

1　あおいそらにえをかこう　おおきなおおきなふね
　あのふねにのって　しゅっぱつだ　ぼくらのしまへ
　あしたは エイ！ヤァ！ あしたは エイ！ヤァ！ あしたは ぼくらのせかいだ
　あしたは エイ！ヤァ！ あしたは エイ！ヤァ！ ぼくらのせかいだ

2　しろいくものマストには　いっぱいいっぱいかぜ
　ひこうきぐものかじとって　ぼくらのしまへ
　あしたは エイ！ヤァ！ あしたは エイ！ヤァ！ あしたは ぼくらのせかいだ
　あしたは エイ！ヤァ！ あしたは エイ！ヤァ！ ぼくらのせかいだ

3　ほしのランプにひがともる　ちいさなちいさなゆめ
　ながれぼしをおいかけて　もうすぐあしたへ
　ぼくらの エイ！ヤァ！ ぼくらの エイ！ヤァ！ ぼくらのせかいにとうちゃくだ
　ぼくらの エイ！ヤァ！ ぼくらの エイ！ヤァ！ ぼくらのせかいにとうちゃくだ
　ぼくらの エイ！ヤァ！ ぼくらの エイ！ヤァ！ せかいにとうちゃくだ

▶P.14　あしたははれる

かなしくて　なきたくなったとき　おもいだしてほしい　ぼくらのことを
くもにのり　とんでゆくからね　ひとりぼっちじゃないよ　てをつなごうよ

すきだから　きみがすきだから　ともだちさ　いつもいつまでも
さあさ　ゆめじゃない　みどりのそうげんに
みんながあつまるよ　きみとうたうよ

すきだから　きみがすきだから　ともだちさ　いつもいつまでも
さあさ　げんきだせ　なみだふきとばせ　こえをあわせうたおう
あしたははれる　あしたははれる　あしたははれる

▶P.20　世界がひとつになるまで

1　まぶしいひざしが　きみのなまえをよぶ
　おんなじきもちで　そらがみえるよ
　つらいとき　ひとりきりで　なみだをこらえないで

　せかいがひとつになるまで　ずっとてをつないでいよう
　あたたかいほほえみで　もうすぐ　ゆめがほんとうになるから

2　はじめてであった　あのひあのばしょから
　いろんなみらいが　あるきはじめた
　なぜみんなこのちきゅうに　うまれてきたのだろう

　せかいがひとつになるまで　ずっとてをつないでいよう
　おもいでのまぶしさに　まけない　とてもすてきなゆめがある

　せかいがひとつになるまで　ずっとてをつないでいよう
　あたたかいほほえみで　もうすぐ　ゆめがほんとうになるから

　せかいがひとつになるまで　ずっとてをつないでいよう
　おもいでのまぶしさに　まけない　とてもすてきなゆめがある

　せかいがひとつになるまで　ずっとてをつないでいよう
　ときめきはたからもの　いつでも　あいがあしたをまもるから

▶P.28　おひさまになりたい

1　だれかを　すきになると　こころがあたたかくなる
　むねのなかに　おひさまができたように　あたたかくなる
　スキスキダイスキ　スキスキダイスキ
　たくさんたくさんすきになって　おひさまになりたい

2　だれかを　すきになると　こころがやわらかくなる
　うまれたての　くさのようにやさしく　やわらかくなる
　スキスキダイスキ　スキスキダイスキ
　たくさんたくさんすきになって　かぜにゆれていたい
　スキスキダイスキ　スキスキダイスキ
　たくさんたくさんすきになって　おひさまになりたい

▶P.34　ともだちがいっぱい

1　てをふって　おはよう　これでともだち
　あそぼうよ　いっしょに　それでともだち
　ぼくのなまえおぼえてね　きみのなまえおぼえたよ
　はい！ともだち　はい！ともだち　ともだちがいっぱい

2　かおをみて　にっこり　これでともだち
　ちかよって　もじもじ　それでともだち
　ぼくのうちをおしえるよ　きみのうちのちかくだね
　はい！ともだち　はい！ともだち　ともだちがいっぱい

3　かたをくんで　あるこう　これでともだち
　またあした　あそぼう　それでともだち
　ぼくとおなじかえりみち　きみとおなじかえりみち
　はい！ともだち　はい！ともだち　ともだちがいっぱい

▶P.40　にじのむこうに

あめがあがったよ　おひさまがでてきたよ
あおいそらのむこうには　にじがかかったよ

さがしにゆこう　ぼくらのゆめを　にじのむこうに　なにがあるんだろう
てとてをつなげば　げんきがでるのさ　まほうみたいだね　どこでもゆけるさ

このゆびに　とまれ（おーい！）しゅっぱつだぞ　あつまれ（おーい！）
つないだてとてに　つたわるよ　あったかい
ポッカポカのおひさまと　おなじにおいがする

あめがあがったよ　おひさまがでてきたよ
あおいそらのむこうには　にじがかかったよ　にじがかかったよ

▶P.46 世界中のこどもたちが

せかいじゅうのこどもたちが　いちどにわらったら
そらもわらうだろう　ラララ　うみもわらうだろう

せかいじゅうのこどもたちが　いちどにないたら
そらもなくだろう　ラララ　うみもなくだろう

ひろげよう　ぼくらのゆめを　とどけよう　ぼくらのこえを
さかせよう　ぼくらのはなを　せかいに　にじをかけよう

せかいじゅうのこどもたちが　いちどにうたったら
そらもうたうだろう　ラララ　うみもうたうだろう
ひろげよう　ぼくらのゆめを　とどけよう　ぼくらのこえを
さかせよう　ぼくらのはなを　せかいに　にじをかけよう

せかいじゅうのこどもたちが　いちどにうたったら
そらもうたうだろう　ラララ　うみもうたうだろう

▶P.50 ぽよよん行進曲

1　どんなたいへんな　ことがおきたって　きみのあしの　そのしたには
　　とてもとてもじょうぶな「ばね」がついてるんだぜ（しってた？）
　　おしつぶされそうな　そんなときだって　ぐっ！とひざっこぞうに　ゆうきをため
　　「いまだ！スタンバイオーケー！」そのときをまつのさ

　　ぴゅーらりーら　かぜがきみをよんでいるよ
　　ぴゅーらりーらら―　いまこそー！
　　ぽよよよーんとそらへ　とびあがってみよう
　　ほらあのくもまで　てがとどきそう
　　ぽよよよーんとたかく　とびこえてゆこう
　　にじのふもとで　えがおでまってる　きみがいる

　　あるけあるけあるけ　すすめすすめすすめ
　　あるけあるけあるけ　すすめすすめすすめ
　　あるけあるけあるけ　すすめすすめすすめ
　　あるけあるけあるけ　すすめすすめすすめ

2　なんでそんなふうに　うつむいているの　おもいだして　あしのした
　　とてもとてもだいじな　いまをいきてるんだぜ（そうでしょ？）
　　きみがほんとうに　たかくとびたいなら　やっぱひざっこぞうに　ゆめのせて
　　「いちどしゃがんでジャンプ！」きぶんはどうだい？

　　ぴゅーらりーら　かぜもきみをおいかけるよ
　　ぴゅーらりーらら―　それゆけー！
　　ぽよよよーんとそらへ　とびあがってみよう
　　ほらあのほしさえ　てがとどきそう
　　ぽよよよーんとたかく　とびこえてゆこう
　　ほしのしずくは　はじめての　あしたへとつづく

　　ぽよよよーん　yeah yeah yeah yeah
　　ぽよよよーん　yeah yeah yeah yeah
　　ぽよよよーん　yeah yeah yeah yeah　ぽよよよーん

 卒園式　人気・定番曲

▶P.60 たいせつなたからもの

1　ここでいっしょに　あそんだともだちを　ずっとずっとおぼえていよう
　　たいせつなたからもの　たくさんのともだち

2　ここでみんなと　うたったうたを　ずっとずっとおぼえていよう
　　たいせつなたからもの　たくさんのうた

3　ここでみんなと　わらったあのときを　ずっとずっとおぼえていよう
　　たいせつなたからもの　たくさんのおもいで
　　たいせつなたからもの　たくさんのおもいで

▶P.64 ありがとうこころをこめて

1　いつのまにか　ぼくたちは　ひとりで　あるいていたよ
　　ろくねんまえに　このよにうまれた　ちいさなこのいのち

　　はれたひにも　ゆきのひにも　げんきなときも　びょうきのときも
　　かわらない　やさしいまなざしが　ぼくたちを　つつんでくれた

　　きがつけば　はるのかぜが　あんなにうたっているよ
　　ありがとうこころをこめて　ありがとうそしてさよなら

2　どこまでも　はるかなみちを　あるいてゆける　ゆうきと
　　かなしみを　わかちあえる　あたたかい　このこころ

　　けんかをして　なかなおりして　ないてわらって　はげましあって
　　みんなといっしょに　わたしたちは　おおきくおおきくなれたよ

　　きがつけば　はるのかぜが　あんなにうたっているよ
　　ありがとうこころをこめて　ありがとうそしてさよなら

　　はれたひにも　ゆきのひにも　げんきなときも　びょうきのときも
　　かわらない　やさしいまなざしが　ぼくたちを　つつんでくれた

　　きがつけば　はるのかぜが　あんなにうたっているよ
　　ありがとうこころをこめて　ありがとうそしてさよなら

▶P.70 ありがとうの花

1　ありがとうっていったら　みんながわらってる
　　そのかおがうれしくて　なんどもありがとう
　　まちじゅうにさいてる　ありがとうのはな　かぜにふかれあしたに　とんでいく

　　ありがとうのはながさくよ　きみのまちにも　ホラいつか
　　ありがとうのはながさくよ　みんながわらってるよ

2　ぼくらのゆめはみんなと　いっしょにうたうこと
　　あったかいてをつなぎ　みんなでうたうこと
　　ちいさかったはなのゆめ　おっきくふくらんで
　　みんなといっしょありがとう　うたいだす

　　ありがとうのはながさくよ　きみのまちにも　ホラいつか
　　ありがとうのはながさくよ　みんながうたってるよ
　　ありがとうのはながさくよ　きみのまちにも　ホラいつか
　　ありがとうのはながさくよ　みんながうたってるよ
　　みんながうたってるよ

▶P.74 さよならぼくたちのほいくえん（ようちえん・こどもえん）

1 たくさんのまいにちを ここですごしてきたね
　なんどわらって なんどないて なんどかぜをひいて
　たくさんのともだちと ここであそんできたね
　どこではしって どこでころんで どこでけんかをして

　さよならぼくたちのほいくえん（ようちえん・こどもえん）
　ぼくたちのあそんだにわ
　さくらのはなびらふるころは ランドセルのいちねんせい

2 たくさんのまいにちを ここですごしてきたね
　うれしいことも かなしいことも きっとわすれない
　たくさんのともだちと ここであそんできたね
　みずあそびも ゆきだるまも ずっとわすれない

　さよならぼくたちのほいくえん（ようちえん・こどもえん）
　ぼくたちのあそんだにわ
　このつぎあそびにくるときは ランドセルのいちねんせい
　さよならぼくたちのほいくえん（ようちえん・こどもえん）
　ぼくたちのあそんだにわ
　さくらのはなびらふるころは ランドセルのいちねんせい

▶P.80 はじめてのさよなら

1 はじめてのおえかき はじめてのおにごっこ
　はじめてのおさんぽ たのしかった
　はじめてのけんか はじめてのなかなおり
　ごめんねもありがとも ここでおぼえた

　もっといっしょに あそびたかったけど
　もっとおおきくなるために
　はじめての さよなら
　こどものひ ははのひ ちちのひ
　たなばた ハロウィン クリスマス
　みんなでおたんじょうかい わすれないよ

2 はじめてのおべんと はじめてのみずあそび
　はじめてのえんそく たのしかった
　はじめてのおゆうぎ はじめてのうんどうかい
　なかよくちからあわせ がんばったこと

　もっとおもいで つくりたかったけど
　つよくいっぱい てをふって
　はじめての さよなら
　えがおで さよなら

▶P.86 ありがとう・さようなら

1 ありがとうさようなら ともだち ひとつずつのえがお はずむこえ
　なつのひざしにも ふゆのそらのしたでも みんなまぶしくかがやいてた
　ありがとうさようなら ともだち

2 ありがとうさようなら きょうしつ はしるようにすぎた たのしいひ
　おもいでのきずが のこるあのつくえに だれがこんどは すわるんだろう
　ありがとうさようなら きょうしつ

3 ありがとうさようなら せんせい しかられたことさえ あたたかい
　あたらしいかぜに ゆめのつばさひろげて ひとりひとりが とびたつとき
　ありがとうさようなら せんせい
　ありがとうさようなら みんなみんな ありがとうさようなら みんな

▶P.90 またあえる日まで

1 あおいそら しろいくも ゆうきをもってふみだそう
　おもいだすと わらいあえる たのしいおもいで
　だいすきなみんなの えがおがたからもの
　つよいきずなを ぼくはわすれないよ

　またあえるひまで ゆめをわすれずに かわらないままで ずっといようよ
　またあえるひまで ゆめをかなえよう しんじることが こころをつなぐ

2 じぶんを しんじて いっぽすすめば なにかつかめるさ
　すこしゆめを おおきくして きみはひとりじゃないから
　いっしょにいちどの たからもの さみしいけれど
　なみだふいて たびだとう

　またあえるひまで ながれぼしにねがった
　かざらないこころで ずっといようよ

　またあえるひまで かがやくほしにちかうよ
　であえたことを わすれはしない
　※またあえるひまで ※7回繰り返し

▶P.96 こころのバトン

1 こころにかたちがあったなら わたしたときにわかるのに
　こころにいろがあったなら わたしたときにみえるのに

　ちゃんと つたえたい めにはみえないバトン
　ちゃんとつなげたい ずっととおくのあしたまで

　みんなみんな げんきでいて このばしょで わらっていて
　みんなみんな わすれないで いっしょにすごしたじかんを

2 めとめがあったそのときに きっとわかりあえたんだよね
　てとてをつないだそのときに きっとこころもつながった

　ちゃんと つたえたい めにはみえないバトン
　ちゃんとつなげたい ずっととおくのみらいまで

　みんなみんな げんきでいて このばしょで うたっていて
　みんなみんな なくさないで じぶんをしんじるきもちを

　ちゃんと つたえたい めにはみえないバトン
　ちゃんとつなげたい ずっととおくのあしたまで

　みんなみんな げんきでいて このばしょで わらっていて
　みんなみんな だいじにして おおきなゆめを みるちから

▶P.102 またね

1　おわかれするのは さみしいけれど またあうひまで
　　きみからもらった げんき・ゆうき・やさしさをありがとう
　　はなしたりないこともあるけれど なみだがでちゃうから
　　いつものように おおきなこえで きみとうたうよ

　　　またねまたね さようなら あくしゅでばいばいばい
　　　またねまたね さようなら あくしゅでばいばいばい

2　さよならしても わすれないよ ずっとずっとずっと
　　このゆびとまれ・それ、ジャンケンポン！・かくれんぼ・おにごっこ
　　げたばこのおくにかくしたままの あのひのどろだんご
　　イチョウのじゅうたん おばけかいだん きみのえがおも

　　　またねまたね さようなら あくしゅでばいばいばい
　　　またねまたね さようなら あくしゅでばいばいばい
　　　またねまたね さようなら あくしゅでばいばいばい
　　　またねまたね ありがとう あくしゅでばいばいばい

▶P.108 ぼくのたからもの

1　このひろいせかいで ぼくたちはであった
　　でもそれはぐうぜんじゃなくて いみのあることなんだ
　　きみがわらうとうれしくなるよ きみがなくとかなしくなるよ
　　きずつけあうこともあったけど ほんとはいっしょにいたかった

　　うれしいときも たのしいときも かなしいときも くるしいときも
　　どんなときもいっしょだったね みんながいるとげんきになれた
　　ひとりきりだと さみしいけれど みんなといるから たのしいんだ
　　みんなとであえたことが ぼくのたからもの

2　このよにうまれて あなたのこどもになった
　　でもそれはぐうぜんじゃなくて いみのあることなんだ
　　あなたがわらうとうれしくなるよ あなたがなくとかなしくなるよ
　　しかられることもあったけど それでもあなたがすきなんだ

　　うれしいときも たのしいときも かなしいときも くるしいときも
　　どんなときもみまもってくれたね あなたがいるとえがおになれた
　　たくさんのあい うけとったから ぼくはここまで おおきくなった
　　あなたのこどもであることが ぼくのたからもの

　　たくさんのひとに ささえられて ぼくはいきている いつもありがとう
　　きみがつらくて きずついたとき かならずぼくが そばにいるから
　　ひとりでなかず いっしょになこう きみのなみだが かわくときまで
　　さようならは さみしいけれど わかれじゃないと ぼくはおもうよ
　　これからであう ひとたちも きっとたからもの ぼくのたからもの

▶P.118 はじめの一歩

1　ちいさなとりが うたっているよ ぼくらにあさが おとずれたよと
　　きのうとちがう あさひがのぼる かわのながれも かがやいている

　　　はじめのいっぽ あしたにいっぽ きょうからなにもかもが あたらしい
　　　はじめのいっぽ あしたにいっぽ ゆうきをもっておおきく いっぽあるきだせ

2　しんじることを わすれちゃいけない かならずあさは おとずれるから
　　ぼくらのゆめを なくしちゃいけない きっといつかは かなうはずだよ

　　　はじめのいっぽ あしたにいっぽ きょうからなにもかもが あたらしい
　　　はじめのいっぽ あしたにいっぽ うまれかわっておおきくいっぽ あるきだせ

▶P.124 君も心の翼ひろげて

1　たんぽぽつんだ つつみのどて くさのかおり はるのひ
　　まっくろなかお プールびらき ぎんやんまとぶ なつのひ
　　あきをむかえ ふゆをすごし あたらしいたびだち

　　　きみも こころのつばさひろげて あしたへとびだしてゆこうよ
　　　きっとあかるいたいようが ほら きみにかがやいているから

2　はなのトンネル さくらなみき わかめぶく はるのひ
　　ささのはゆれる たなばたのよる せみもないてた なつのひ
　　あきをむかえ ふゆをすごし あたらしいたびだち

　　　きみも こころのつばさひろげて あしたへとびだしてゆこうよ
　　　きっとあかるいたいようが ほら きみにかがやいているから

　　　きみも こころのつばさひろげて あしたへとびだしてゆこうよ
　　　きっとあかるいたいようが ほら きみにかがやいているから

▶P.128 おめでとうありがとう

1　どれくらい たくさんの ひとたちが
　　ぼくたちのこと おもってくれただろう
　　どれくらい たくさんの ひとたちが
　　わたしたちのこと おもってくれただろう

　　　おめでとう ありがとう いっぱいくりかえし
　　　おめでとう ありがとう みんなおおきくなりました

2　どれくらい たくさんのひとたちが
　　ぼくたちのこと あいしてくれただろう
　　どれくらい たくさんのひとたちが
　　わたしたちのこと たすけてくれただろう

　　　おめでとう ありがとう これからもずっと
　　　おめでとう ありがとう みんなおおきくなりました

　　　おめでとう ありがとう いっぱいくりかえし
　　　おめでとう ありがとう みんなおおきくなりました
　　　みんなおおきくなりました

▶P.134 思い出のアルバム

1　いつのことだか おもいだしてごらん あんなことこんなこと あったでしょう
　　うれしかったこと おもしろかったこと いつになってもわすれない

2　はるのことです おもいだしてごらん あんなことこんなこと あったでしょう
　　ぽかぽかにわで なかよくあそんだ きれいなはなも さいていた

3　なつのことです おもいだしてごらん あんなことこんなこと あったでしょう
　　むぎわらぼうしで みんなはだかんぼ おふねもみたよ すなやまも

4　あきのことです おもいだしてごらん あんなことこんなこと あったでしょう
　　どんぐりやまの ハイキングラララ あかいはっぱも とんでいた

5　ふゆのことです おもいだしてごらん あんなことこんなこと あったでしょう
　　もみのきかざって メリークリスマス サンタのおじいさん わらってた

6　ふゆのことです おもいだしてごらん あんなことこんなこと あったでしょう
　　さむいゆきのひ あったかいへやで たのしいはなし ききました

7　いちねんじゅうを おもいだしてごらん あんなことこんなこと あったでしょう
　　もものおはなも きれいにさいて もうすぐみんなは いちねんせい

卒園式　大好き！友達

▶P.138　おおきくなるってうれしいね

1　ともだちといっしょ　なかよくあそんだね
　　たのしいことが　いっぱいあったよね
　　おおきくなるってうれしいね　おおきくなるってすてきだね
　　はるになって　はながさいたら　いちねんせいになるよ

2　ともだちとちょっと　けんかもしたけれど
　　みんないっしょに　おおきくなったよね
　　おおきくなるってうれしいね　おおきくなるってすてきだね
　　はるになって　はながさいたら　いちねんせいになるよ

※［おおきくなるってうれしいね　おおきくなるってすてきだね
　　はるになって　はながさいたら　いちねんせいになるよ］
※を繰り返し

▶P.144　きみとぼくのラララ

1　さよならなんて　いわなくても　いいよね　またあえるね
　　げんきでなんて　いわなくても　げんきで　またあえるね

　　ぼくのみるそらと　きみのみるそらは
　　つながっているから　おんなじそらだから
　　ラララ　さよならのかわりに　なみだのかわりに
　　ラララ　きみとぼくのあいだに　ラララ　ひとつのうた

2　こころがちょっと　いたいのは　えがおが　まぶしいからだね
　　さみしいなんて　いわないのが　いいよね　きっと　あえるね

　　ぼくのあるくみちと　きみのあるくみちは
　　つながっているから　おんなじみちだから
　　ラララ　かなしみのかわりに　てをふるかわりに
　　ラララ　きみとぼくのあいだに　ラララ　ひとつのうた

　　ぼくのみるゆめと　きみのみるゆめは
　　つながっているから　おんなじゆめだから
　　ラララ　さよならのかわりに　なみだのかわりに
　　ラララ　きみとぼくのあいだに　ラララ　ひとつのうた

▶P.150　ま・た・ね〜See You Again〜

1　はずむ　こころゆうひをあびて　ゆめを　あしたへとつなぐ
　　かたを　だいてうたごえあわせ　すきなうたを　ラララうたおう

　　アイアイアイアーイ　あふれるえがおみせて
　　アイアイアイアーイ　きみがだいすき
　　アイアイアイアーイ　さよならはつらいから
　　アイアイアイアーイ　みぎてをふって
　　またね　See You Again

2　そうさ　たのしいときはすぐに　おわる　きがするものだよ
　　だけど　みんなまたあえるよね　いつのひにか　きっとやくそく

※［アイアイアイアーイ　こぼれるえがおみせて
　　アイアイアイアーイ　きみがだいすき
　　アイアイアイアーイ　さよならはつらいから
　　アイアイアイアーイ　みぎてをふって
　　またね　See You Again］
※を繰り返し

▶P.156　ともだちになるために

1　ともだちになるために　ひとはであうんだよ
　　どこのどんなひととも　きっとわかりあえるさ
　　ともだちになるために　ひとはであうんだよ
　　おなじようなやさしさ　もとめあっているのさ

　　いままでであったたくさんの　きみときみときみときみときみときみと
　　これからであうたくさんの　きみときみときみときみと　ともだち

2　ともだちになるために　ひとはであうんだよ
　　ひとりさみしいことが　だれにでもあるから
　　ともだちになるために　ひとはであうんだよ
　　だれかをきずつけても　しあわせにはならない

　　いままでであったたくさんの　きみときみときみときみときみときみと
　　これからであうたくさんの　きみときみときみときみと　ともだち

▶P.162　ラララだいすき

とどくといいな　みんなのこころに　すなおなきもち　そのままつたえたいよ
もしもことばが　メロディーにのって　みんなにとどく　うたになったらいいな

ドキドキとまらない　あふれるなみだとえがお
うたうよ　みんなだいすき　ラララ　だいすきだよ

こころにさいた　みんないろのはな　みんなでそだてた　ステキなたからもの
おはなにみずを　こころにゆめを　いつもそばには　あたたかいみんながいた

ありがとうともだち　みんなにであえてよかった
うたうよ　ずっとだいすき　ラララ　だいすきだよ

ありがとうともだち　みんなにであえてよかった
うたうよ　ずっとだいすき　ラララ　だいすきだよ　ララララ…
うたうよ　みんなだいすき　ラララ　だいすきだよ

卒園式　待ち遠しいな 小学校

▶P.170　一年生マーチ

1　ランラララン　あたらしいみちを　げんきにあるいていけば　しょうがっこう
　ランラララン　あたらしいきもち　このむねにいっぱいだね　いちねんせい

　あおいそらはひろびろと　しろいくもはわくわくと
　さくらのはなはきらきらと　みんなをまっている
　ランラララン　あたらしいうたを　おおきなこえでうたおう　いちねんせい

2　ランラララン　あたらしいかぜと　いっしょにあるいていけば　しょうがっこう
　ランラララン　あたらしいであい　ドキドキがいっぱいだね　いちねんせい

　あおいそらは　ひろびろと　しろいくもはわくわくと
　さくらのはなはきらきらと　みんなをまっている
　ランラララン　あたらしいうたを　おおきなこえでうたおう
　いちねんせい　いちねんせい

▶P.174　ドキドキドン！1年生

1　サクラさいたら　いちねんせい　ひとりでいけるかな
　となりにすわるこ　いいこかな　ともだちになれるかな
　だれでもさいしょは　いちねんせい　いちねんせい
　ドキドキするけど　ドンといけ
　ドキドキドン！いちねんせい　ドキドキドン！いちねんせい

2　チョウチョとんだら　いちねんせい　カバンはおもいかな
　ねむたくなったら　どうしよう　きゅうしょくはうまいかな
　みんなもおんなじ　いちねんせい　いちねんせい
　ドキドキするけど　ドンといけ
　ドキドキドン！いちねんせい　ドキドキドン！いちねんせい

3　ヒバリないたら　いちねんせい　ぼうしはにあうかな
　あめのひかぜのひ　へいきかな　べんきょうもするのかな
　しんぞうおさえて　いちねんせい　いちねんせい
　ドキドキするけど　ドンといけ
　ドキドキドン！いちねんせい　ドキドキドン！いちねんせい

▶P.178　もうすぐりっぱな1年生

1　わがままで　いたずらで　ふざけるのが　だいすきで
　けがはする　かぜはひく　しんぱいだって　かけたけど
　でもだいじょうぶ　でもだいじょうぶ
　ほら　もうすぐりっぱな　いちねんせい

2　ともだちと　けんかして　ないてたひも　あったけど
　せんせいに　おんぶして　あまえたひも　あったけど
　でもだいじょうぶ　でもだいじょうぶ
　ほら　もうすぐりっぱな　いちねんせい

3　はれのひも　あめのひも　げんきにかよって　きたんだよ
　きょうのひで　さようなら　いろんなこと　ありがとう
　でもだいじょうぶ　でもだいじょうぶ
　ほら　もうすぐりっぱな　いちねんせい

卒園式　在園児から心をこめて

▶P.182　みんなともだち

※　みんなともだち　ずっとずっと　ともだち
　がっこういっても　ずっとともだち　Yeah
　みんなともだち　ずっとずっと　ともだち
　おとなになっても　ずっとともだち

みんないっしょに　うたをうたった　みんないっしょに　えをかいた
みんないっしょに　おさんぽをした　みんないっしょに　おおきくなった
※を繰り返し

みんないっしょに　プールであそんだ　みんないっしょに　ロボットをつくった
みんないっしょに　かけっこをした　みんないっしょに　おおきくなった
※を2回繰り返し

▶P.190　またあおう

1　いっしょにあそんだ　たくさんのひを
　おもいだすと　うれしくなる
　けんかをしたことも　あったけれど　みんなすてきなおもいで

　またあえる　またあおう　またきてね　またあおう
　いっしょに　またうたおう　そのひまで　さようなら

2　いっしょにあそんで　たのしかったから
　さよならがこんなに　さみしいのかな
　いまにもなみだが　でそうだけれど　みんなすてきなたからもの

　うれしいとき　またあおう　さみしいとき　またあおう
　おおきくなって　またうたおう　そのひまで　さようなら

　またあえる　またあおう　またきてね　またあおう
　いっしょに　またうたおう　そのひまで　さようなら
　たのしかったおもいでを　むねに　みんなえがおで　またあおう

▶P.196　花のトンネル

もうさんがつ　おわかれがやってきた
あたらしいものがたり　あたらしいみち

またあそぼう　つぎはしょうがくいちねんせい
あたらしいランドセル　あたらしいくつ

おにいちゃん(はーい！)おねえちゃん(はーい！)
しょうがくせいへの　きっぷをもって　じゅんびはいいですか

バイバイバイバイ　はなのトンネル　タッチタッチ　げんきでいてね
しょうがっこうへとつづいてる　トンネルくぐって　レッツゴー！

バイバイバイバイ　はなのトンネル　タッチタッチ　げんきでいてね
しょうがっこうへとつづいてる　トンネルくぐって　トンネルくぐって
レッツゴー！

監修・編曲　土屋真仁（つちや まさひと）

東京音楽大学作曲／映画・放送音楽コース卒業。東京音楽大学准教授。日本ソルフェージュ研究協議会会員。作曲家グループ「ベアグラウンド」として2016年4月より放送が開始されたNHK「おかあさんといっしょ」内の人形劇「ガラピコぷ〜」の音楽を担当。加えて「おかあさんといっしょファミリーコンサート」の音楽も手掛ける。『子どもの笑顔がはじける　2〜5歳児のかんたん器楽合奏曲集』（ナツメ社）の編纂に監修・編曲として参加。

♪ 本書編曲　P.10、40、50、86、90、162

🎵 スタッフ

デザイン・DTP／武田紗和（株式会社フレーズ）
イラスト／みさきゆい
楽譜浄書／株式会社ホッタガクフ
音源制作／有限会社トリゴ
歌／及川響音 …… P.31、77、93、126、166、176、186
　　河野ちはる … P.43、99、105、113、121、193、199
　　佐藤 愛 ……… P.12、24、83、131、141、147、159
　　柴野瑠々 …… P.17、88、136、153、172
　　渡辺愛理 …… P.37、48、55、62、67、72、180
編集協力／小暮香奈子（株式会社スリーシーズン）、株式会社夢の本棚社
編集担当／横山美穂（ナツメ出版企画株式会社）

33曲×2パターンの伴奏から選べる！
発表会&卒園式のうた

2024年12月6日　初版発行

監　修	土屋真仁（つちや まさひと）　　　Tsuchiya Masahito, 2024
発行者	田村正隆
発行所	株式会社ナツメ社 東京都千代田区神田神保町1-52　ナツメ社ビル1F（〒101-0051） 電話　03-3291-1257（代表） FAX　03-3291-5761 振替　00130-1-58661
制　作	ナツメ出版企画株式会社 東京都千代田区神田神保町1-52　ナツメ社ビル3F（〒101-0051） 電話　03-3295-3921（代表）
印刷所	広研印刷株式会社

ISBN978-4-8163-7640-5　　　　　　　　　　　　　Printed in Japan
JASRAC 出 2407127-401
〈定価はカバーに表示してあります〉〈落丁・乱丁本はお取り替えします〉
本書の一部または全部を著作権法で定められている範囲を超え、ナツメ出版企画株式会社に無断で複写、複製、転載、データファイル化することを禁じます。

編曲

安蒜佐知子（あんびる さちこ）
ヤマハ音楽院卒業。卒業後は音楽教室の講師を務める傍ら、ヤマハミュージックエンタテインメントホールディングスのポピュラーピアノアレンジャーとして活動する。現在はヤマハ「ぷりんと楽譜」を中心にピアノアレンジャーとして活動している。

♪ 本書編曲　P.20、34、60、74、96、102、108、128、178、196

石川亮太（いしかわ りょうた）
東京音楽大学作曲指揮専攻（芸術音楽コース）卒業。オリジナル曲の作曲のほか民謡や童謡の編曲をライフワークとし、親子向けコンサートへ長年にわたり楽曲を提供。吹奏楽やオーケストラ等のための作品も多く様々な作品が出版されている。

♪ 本書編曲　P.46、64、174

草川アンナ（くさかわ あんな）
東京音楽大学作曲／映画・放送音楽コース卒業。幼少期からクラシックピアノを学び、高校生時代より作曲を始める。現在は主にJ-POPやK-POPの作詞・作曲家として活動している。

♪ 本書編曲　P.118、124、144、156、182、190

蓑毛沙織（みのも さおり）
東京音楽大学作曲／映画・放送音楽コースを卒業後、株式会社ホッタガクフに勤務。その後独立。現在、作曲家のスコアアシスタントとして映画やアニメ、国内外コンサートの楽譜制作を、また2018年には『この世界の片隅に』公式ピアノ楽譜集の監修を務めた。

♪ 本書編曲　P.14、28、70、80、134、138、150、170

本書に関するお問い合わせは、書名・発行日・該当ページを明記の上、下記のいずれかの方法にてお送りください。
電話でのお問い合わせはお受けしておりません。
・ナツメ社webサイトの問い合わせフォーム
　https://www.natsume.co.jp/contact
・FAX（03-3291-1305）
・郵送（左記、ナツメ出版企画株式会社宛て）
なお、回答までに日にちをいただく場合があります。正誤のお問い合わせ以外の書籍内容に関する解説・個別の相談はおこなっておりません。あらかじめご了承ください。

ナツメ社Webサイト
https://www.natsume.co.jp
書籍の最新情報（正誤情報を含む）はナツメ社Webサイトをご覧ください。